MBAのナースたち

９つの事例にみるMBA取得者のその後

羽田 明浩

[編著]

文眞堂

はじめに

　本書は，9人のナースがリスキリングによって大学院で習得した知識の実務での活用事例などを著したものである。ここで述べるリスキリングは，新しい職業に就くために，あるいは，今の職業で必要とされるスキルの大幅な変化に適応するために，必要なスキルを獲得すること（経済産業省2021年）と捉えられる。筆者を含む10人のうち9人が大学院MBA（Master of Business Administration）コースを修了し，1人は看護学修士修了後，医療福祉経営学博士を取得している。本書執筆者10人に共通することは，実務に就きながら大学院に通うことで必要とされるスキルを獲得して，その後のキャリアに活かしていることにある。

　この本を執筆した経緯を以下に述べる。本書執筆者のうち第8章を担当した石田円氏以外は，筆者の大学院のゼミ生であった（第9章担当の髙田由紀子氏は博士課程のゼミ生，その他の執筆者はMBAコースのゼミ生である）。

　新型コロナが蔓延している状況下の2021年初頭にオンラインで羽田ゼミのOBOG会を開催した。オンラインの会合では参加者20人弱が近況を話した際にMBAコースの課題研究を実務に活かしているという話が多かったことが印象に残った。そこで，それらの課題研究は実務に活かすことができることを広く知ってもらい，多くの方に役立つことができないかと考えたことが本書を著したきっかけである。なお，ここで述べる課題研究は，筆者所属の国際医療福祉大学大学院ヘルスケアMBAコースの修了要件として，特定課題の研究成果を提出し審査会において合格することが求められているものである（大学院設置基準第16条の規定による）。

　筆者の大学院ゼミOBOGは，看護師，医師，薬剤師，理学療法士，病院事務職や企業勤務者もいるが，最も多いのは看護師である。特に看護師の方は課題研究を看護業務改善や起業等に役立てている方が多かったので，本書を看護師のOG対象に執筆者を募った経緯がある。なお，本書の執筆者以外のナース

も執筆を試みたが，仕事の都合や，他の研究との兼ね合い他で参加を見合わせた方がいる。機会があれば今回参加できなかった方にも執筆に加わっていただけたら幸いである。

　本書の構成は以下のようになっており，執筆者の紹介と併せて執筆内容を記載する。

　序章は，筆者が看護と看護師に関することや看護業務について記載している。

　第1部は病院の看護部門の管理者が執筆を担当しており病院における看護業務の改善事例を紹介している。

　第1章の「地域包括ケア病棟再構築の事例と看護部長の仕事」を執筆した秋山陽子氏は東京都杉並区に所在する佼成病院看護部長である。看護師になった経緯とMBAコース進学動機，課題研究テーマの地域包括ケア病棟再構築の事例の具体的な取り組みとその成果，さらに看護部長の仕事について記載している。

　第2章の「持続可能な地域包括ケア病棟の運営」を執筆した松浦典子氏は東京都福生市にある公立福生病院看護部長である。自己紹介とMBAコース進学動機，課題研究の持続可能な地域包括ケア病棟の運営の事例，地域とのネットワーク等について記載している。

　第3章の「看護組織のマネジメントと業務改善」を執筆した平根ひとみ氏は茨城県つくば市の筑波メディカルセンター病院副看護部長である。認定看護管理者を取得する過程とMBA進学，看護データを活用した課題研究，看護必要度データ活用の取り組み他について記載している。

　第2部は看護師であり起業家である3人の起業事例を紹介している。

　第4章の「夢見た日中の医療の架け橋としての医療インバウンド事業の企業」を執筆した白川忍氏は，医療通訳等を行うマイケアライト株式会社の代表取締役社長であり，国際医療福祉大学大学院の非常勤講師である。中国の医療事情，日本と中国の医療の違い，渡航支援企業の治療サポート内容について記載している。

　第5章の「看護管理の定義へのこだわりと経験に基づく新規ビジネスの展開」を執筆した嵩下喜久乃氏は，看護師としての病院勤務経験を生かし，ヘルスケアアプリとWebシステム開発を行うクロスメッド株式会社の取締役である。

看護師になった経緯，MBA コース進学動機，病院の手術室での看護管理，企業勤務時における看護管理，中国でのコンサル経験，現在の事業展開について記載している。

　第 6 章の「訪問看護ステーションの運営について」を執筆した三橋馨氏は訪問看護を行う株式会社ステラの代表取締役社長である。看護師になった経緯，MBA コース進学動機，訪問看護制度の概要，訪問看護ステーションの運営他について記載している。

　第 3 部は，教育研修に携わる看護師経験を有する研究者による研究報告を紹介している。

　第 7 章の「看護管理者と病院管理者が共に学ぶ研修構築を目指して」を執筆した三好礼子氏は，執筆当時は日本赤十字社幹部看護師研修センター専任講師であったが，現在は横浜市立みなと赤十字病院の副看護部長である。認定看護管理者制度，認定看護管理者の活動，日本赤十字社における看護管理者教育，MBA コースでの学び，人材育成の拡大他について記載している。

　第 8 章の「日本の電子カルテシステムの普及に関する研究」を執筆した石田円氏は，国際医療福祉大学医療マネジメント学科講師である。看護師から大学進学，大学院進学，博士課程進学の経緯とその過程，イノベーション理論から見る電子カルテの普及他を記載している。

　第 9 章の「看護トップマネジャーの病院への効果をいかに可視化するか」を執筆した髙田由紀子氏は東京医療保健大学看護学部講師である。自身の看護管理者の経験とリサーチクエッションとの出会い，看護職副院長の経営に対する意識とは，看護トップマネジャーの成果と可視化の探求他について記載している。

　このように，9 人の執筆者が記載した内容は，看護師になった動機と MBA 進学の動機，大学院での研究課題について，さらにそれらの研究課題を実務にいかに活用するかについて述べている。

　日本看護協会の令和 5 年度の重点施策の中に，リスキリング推進による資質向上やキャリアアップが述べられている。さらに前述のように経済産業省も，職業で必要とされるスキルの大幅な変化に適応するために必要なスキルを獲得するリスキリングの必要性について述べている。本書はリスキリングを考えて

いるナースの方にとって，非常に多くのことが学べるものと自負している。本書に書かれている大学院進学動機，大学院での学び，研究課題内容，その研究課題の実務活用事例，その他は多くのヒントがある。

　本書は，ナースの方を主要な読者層と想定するが，ヘルスケア機関で勤務するヘルスケアスタッフ，医療経営について学んでいる大学院生，その他にヘルスケアに関心のある方も対象としている。

　本書を執筆するにあたり執筆者の所属組織の方々には，様々なご協力をいただいた。執筆者を代表してご厚情に深謝の意を表する。

　最後に，この本の執筆機会を与えていただいた株式会社文眞堂の前野隆社長と前野弘太さまに感謝申し上げる。

　2023 年 9 月

執筆者を代表して

羽田 明浩

目　次

第1部　病院勤務の看護管理者による経営改善の事例

第1章　地域包括ケア病棟再構築の事例と看護部長の仕事 ……… 29

第2章　持続可能な地域包括ケア病棟の運営…………………………… 45

第3章　看護組織のマネジメントと業務改善
――看護データを活用した救命救急センターの病床運用の提言――

第2部　看護師である起業家による事業事例

第4章　夢見た日中の医療の架け橋としての 医療インバウンド事業の起業 ……………………………… 87

第5章　看護管理の定義へのこだわりと 経験に基づく新規ビジネスの展開 ……………………… 105

第6章　訪問看護ステーションの運営について ……………… 124

第3部　教育に関わる看護師による研究報告

第7章　看護管理者と事務管理者が共に学ぶ
　　　　研修構築を目指して ……………………………………… 147

【コラム】

序章

「この覚書は，看護の考え方の法則を述べて看護師が自分で看護を学べるようにしようとしたものでは決してないし，ましてや看護師に看護することを教えるための手引書ではない。これは他人の健康について直接責任を負っている女性たちに，考え方のヒントを与えたいという，ただそれだけの目的で書かれたものである」(Nightingale 1860，邦訳「はじめに」より)。

1．看護と看護職について

「看護師は誰も，他人に頼りにされうる看護師，言い換えれば信頼のおける看護師でなくてはならない。それを忘れないでほしい。もはやいう必要もあるまいが，看護師はあくまでも真面目でかつ正直でなければならない。看護師は自分の職業を尊ばなければならない」(Nightingale 1860，邦訳，第13章「病人の観察」より)。

本書は，編著を担当する筆者以外は，全員が看護師国家試験に合格して看護師資格を有する方たちである。現職の看護師として病院や訪問看護ステーションで看護業務に携わっている方，看護師の知識を活用して企業経営に関わっている方，医療関係の教育に関わっている方が共著者として参加している。そのため各共著者の執筆内容は，それぞれの視点において看護に関わったものである。

多分，この本を読まれる方で生涯一度も看護を経験したことの無い方はいないであろう。ここであらためて看護とは？　を確認してみる。

広辞苑によれば，看護とは「傷病者に手当てをしたり，その世話をしたりすること」と述べられている。以下で看護について文献より記載内容の確認を行う。

　ナイチンゲールの看護覚え書（*Notes on Nursing*）によれば，「看護とは，新鮮な空気，陽光，暖かさ，清潔さ，静けさを適切に整え，これらを活かして用いること，または食事内容を適切に選択し適切に与えること，こういったことの全てを患者の生命力の消耗を最小にすることを意味すべきである」[1] としている。

　そして，看護学の教科書の『看護学概論』によれば，「看護とは人々が健康問題に出あって示す反応，人々の側からすれば体験を判別し，人々がそれに対処するのを健康の方向に進むよう援助すること，とくにその人の思いを大切に援助すること」と記載されている（小玉他 2002）。

　佐藤（2007）は，看護の看るという字は，手をかざして目で見るを意味する象形文字であるが，看護に相当するフランス語 soins は，世話，配慮，手当て，介護の意味を持つと述べている。そして，私的あるいは非医学的な看病と職業的な看護は使い分けられるとしている。

　このように看護とは，広辞苑による定義や看護学の定義他の記載から，傷病者への手当てや世話をすることと捉えることができる。

看護師とは

　ここで看護の定義を確認したうえで看護を行う，看護師とは？　について確認する。

　保健師助産師看護師法（以下，保助看法）に記載されている内容から職業としての看護師の整理を試みる。

　保助看法 第五条では，看護師とは，厚生労働大臣の免許を受けて傷病者若しくはじょく婦に対する療養上の世話又は診療の補助を行うことを業とする者をいうと規定されている。この条文の内容から，看護とは傷病者とじょく婦（分娩終了後に母体が正常回復するまでの期間の婦人）に療養上の世話を行うことと，診療の補助を行うものと捉えることができる。

　同法　第七条3　看護師になろうとする者は，看護師国家試験に合格し，厚生労働大臣の免許を受けなければならない。
　看護師試験を受けるための養成課程に関して以下のように書かれている。

同法　第二十一条　看護師国家試験は，次のいずれかに該当する者でなければ，これを受けることができない。

一　学校教育法に基づく大学において看護師になるのに必要な学科を修めて卒業した者。

二　文部科学大臣の指定した学校において三年以上看護師になるのに必要な学科を修めた者。

三　文部科学省令・厚生労働省令で定める基準に適合する都道府県知事の指定した看護師養成所を卒業した者。

四　三年以上業務に従事している准看護師又は高等学校か中等教育学校を卒業している准看護師で大学，学校又は養成所において二年以上修業したもの。

五　外国の学校か養成所を卒業し，又は外国で看護師免許に相当する免許を受けた者で，厚生労働大臣が同等以上の知識及び技能を有すると認めたもの。

このように，看護師試験を受けるにはいずれかの養成所で就学した後に，看護師になるための看護師国家試験に合格して免許を受けなければならない。

2．看護師の業務独占と名称独占について

業務独占はその資格を有する者でなければ携わることを禁じられている業務を独占的に行うことであり，名称独占は無資格であるにもかかわらずその名称を名乗ると罰せられるものである。

看護師の業務独占と名称独占は同法により次のように規定されている。

同法　第三十一条　看護師でない者は，第五条に規定する業をしてはならない。

同法　第四十二条の三　3　看護師でない者は，看護師又はこれに紛らわしい名称を使用してはならない。

4

　このように，看護師でないものが，傷病者とじょく婦に療養上の世話と診療の補助を行うものことはできず，さらに看護師免許を持っていない者が看護師を名乗り，例えば名刺に看護師と記載することも許されない。
　これらに対する罰則は以下のように定められている。

　　同法　第四十三条　看護師でない者が看護業務を行った場合は，二年以下の
　　　懲役若しくは五十万円以下の罰金に処し，又はこれを併科する。
　　同法　第四十五条の二　看護師でない者が看護師名称を用いた場合は，
　　　三十万円以下の罰金に処する。

と規定されている。

3．日本の看護職の歴史について

　ここで日本の看護職の登場からの歴史を振り返る。
　広辞苑に書かれている看護として傷病者の手当てやその世話をすることは，太古より家庭の中で行われていた。家庭以外においては，欧州では中世の修道院において病人の看護が行われており，日本でも南蛮貿易に関わるポルトガルの貿易商人アルメイダがつくった府内病院に患者の看護に関わった女性が存在していたと記録がある。江戸時代の小石川療養所においても入院患者に対して看病人が世話をしていた。また，長崎の養生所はわが国最初の西欧式病院であり入院患者に看護人が世話をしていた。
　職業としての看護職が誕生したのは明治時代初期で，欧州の医師による病院の設立や戊辰戦争の負傷者に対する世話の必要が契機となっている。身内以外の患者を世話する者の出現は戊申戦争以降であり，同戦争の負傷者の救護施設や病院において多くの看護人が働いていた。1869年に東京大学医学部附属病院の前身である大病院において看護人を雇い，医師の診療の介助や投薬，患者の身の回りの世話，掃除などを行っていた（野村2015）。

4．看護教育の始まり

　看護師の教育が養成所によって始められたのは，高木兼寛（東京慈恵会医科大学創設者）が1884年に創設した有志共立東京病院（慈恵病院）において行われた看護教育が最初であった。

　その後，新島襄（同志社大学創設者）が1886年に創設した京都看護婦学校，米国人宣教師ツルーによる桜井女学校附属看護婦養成所が開設されている。

　これら3校の創始者は，日本に近代看護教育の必要性を感じていたため，すぐれた協力者の援助を受けながらナイチンゲール方式[2]による養成を開始した。準備期間に2〜3年かけ，資金募集，外国人婦長の招請，教室や実施病院準備などに努力して教育機関として認可を受けている（看護史研究会 1993）。

　1888年に東京帝国大学附属病院が看護法講習科を開設し，1890年に日本赤十字病院が看護婦養成所を開設している。養成所の数は少なかったが質は高く時代の先端をいく近代的な職業の1つであり，看護師の需要も高まっていたが看護に従事する女性は少なかった（野村 2015）。

図表序-1　初期の看護師教育養成所

養成所名	有志共立東京病院看護婦教育所	京都看護婦学校	桜井女学校附属看護婦養成所	帝国医科大学看病法練習科	日本赤十字看護婦養成所
創立年	1885年	1886年	1886年	1888年	1890年
創立者	高木兼寛	新島襄	M. ツルー	－	佐野常民
指導者	M. E. リード	L. リチャーズ	A. ヴィッチ	A. ヴィッチ	軍医教官
一回生卒業年	1888年	1888年	1888年	1888年	1892年
人数	5人	4人	6人	22人	10人
修業年限	2年	2年	2年	2年	3年半
関連した病院	有志共立東京病院	同志社病院	帝大病院	帝大病院	日本赤十字病院

　出所：日本看護史研究会（1993），75頁

5．看護婦規則の制定

　1900 年に東京府において看護婦規則が発令されている。これは看護婦名義の乱用，不当な料金請求，風紀の乱れ，医行為を行う者の存在等質の低下が顕著となり，看護界からの規則制定の動き等が背景にあった（野村 2015）。

　東京府の規則が各府県の看護婦規則の手本となり，1915 年に国による看護婦規則制定につながっている。

　看護婦規則には，第 1 条に「看護婦とは傷病者又は褥婦看護の業務を為す女子を言う」と看護婦の定義が明記されている。そして第 6 条に「看護婦は主治医師の指示ありたる場合の外被看護者に対し治療機器を使用し又は薬品を投与若は之か指示を為すことを得す但し臨時救急の手当は此の限に在らす」と記載されている。

　これは，保健師助産師看護師法に規定される看護師の定義と業務を規定する基になっているものと捉えることができる。

6．保健婦助産婦看護婦法の制定

　1947 年に国民医療法の委任に基づく命令として保健婦助産婦看護婦令が公布され，それまでの保健婦規則，助産婦規則，看護婦規則は経過措置の後に廃止とされている。

　その後 1948 年に根拠法令の国民医療法が廃止したため，1948 年に制定された保健婦助産婦看護婦法（保助看法）に引き継がれている。旧制度との大きな相違点として，保健師，助産師，看護師は国家資格であり，免許登録の要件に国家試験合格としていることにある。

　保助看法には，身分法，業務法，責任法について規定されている。

　身分法に関する条文には，籍の登録，免許の付与，国家試験の内容，試験の実施，試験の受験資格などが記載されている。看護養成学校の教育内容を担保して国家試験で水準を維持しており，国家試験は厚生労働省の直轄事務となっている。

　業務法に関する条文には，業務独占と名称独占の規定により免許取得者以外が看護業務を行うことを禁ずるとともに，禁止行為を規定することで責任範囲を明確にしている。

　責任法に関する条文には，看護職としての欠格事由に該当する者等への免許停止などの行政処分を規定して資格者としての質を維持するものである。

　1948年の保助看法制定の際の乙種看護婦は1951年の法改正で看護婦に名称が統一された。2001年の「保健婦助産婦看護婦法の一部を改正する法律」が成立し法律名も現在の保健師助産師看護師法となった。この改正によって性別によって資格名称が異なる状態から，専門職にふさわしい名称となった（日本看護歴史学会 2014）。

図表序-2　看護婦規則および保健婦助産婦看護婦法の概要

制定年	1915 年	1951 年
法律名	看護婦規則	保健婦助産婦看護婦法
看護婦の規定	傷病者又は褥婦看護の業務を為す女子	傷病者又はじょく婦に対する療養上の世話または診療の補助をなすことを業とする者
資格取得年齢	18 歳以上	18 歳以上
一般学歴	原則として高等小学校以上	高等学校卒業
養成主体 在校期間	①指定看護婦養成所（2 年間） ②看護婦学校（6 か月） ③病院附属看護婦養成所（1 年間）	①大学（4 年間） ②短期大学（3 年間） ③専修・各種学校（3 年間）
試験受験	①不要，②③要	国家試験

　出所：山下（2017），22 頁を一部修正

7．看護師を養成する看護大学について

　前述のように，看護師を養成する学校は，学校教育法に基づく大学，文部科学大臣の指定した学校，文部科学省令・厚生労働省令で定める基準に適合する都道府県知事の指定した看護師養成所がある。

　学校教育法（1947年制定）で看護婦学校は各種学校に位置づけられた。その後1949年の同法の改正により短期大学が設置されたことを受けて，天使厚

生短期大学と聖母女子短期大学が看護系初の短期大学として開設されている。4年生大学は，1952年に高知女子短期大学看護学科が開設し，1953年に東京大学医学部衛生看護学科が発足した。1964年に聖路加短期大学が4年制大学に移行している。これまで職業訓練的な教育職が強かった看護婦養成機関は高等教育機関として学問的視野に立った教育へと進展しはじめている（宮脇2021）。

1968年に名古屋保健衛生大学（現藤田医科大学）衛生看護学科，琉球大学保健学部，1975年に千葉大学看護学部が設置されて看護系6大学と称された時期が11年続いた。その後1986年に短期大学から日本赤十字大学となり，北里大学看護学部が創設され，1989年に東京医科歯科大学医学部保健学科看護

図表序-3　看護師の課程別養成機関と1学年定員

	学校数	1学年定員数
大学	296校	25,310人
短期大学	15校	1,090人
養成所	544校	27,807人
3年課程小計	855校	54,207人
短期大学	2校	250人
高等学校専攻科	6校	285人
2年課程小計	154校	8,129人
5年一貫教育	79校	4,259人

出所：「看護関係統計資料集（令和4年）」日本看護協会出版会

図表序-4　看護大学数と入学者数

	学校数	1学年定員数
2017年	267校	22,656人
2018年	280校	23,840人
2019年	288校	24,695人
2020年	293校	25,048人
2021年	296校	25,310人

出所：「看護関係統計資料集（令和2年）」日本看護協会出版会

学専攻が設置され9大学となった。1991年の大学設置基準大綱化によるカリキュラム編成弾力化や，翌年の看護師等の人材確保の促進に関する法律の施行を契機に看護系大学設置気運が高まり，その後の新設が続いており2013年には210校となっている（日本看護歴史学会2014）。

　現在，看護師を養成する学校数は1,088校である。3年課程は大学296校，短期大学15校，養成所544校で小計855校である。2年課程は短期大学2校，高等学校専攻科6校，養成所146校であり，5年一貫課程79校となっている。

　上記のように看護学科を有する大学は国内に約300校あり，現在看護学科で学んでいる新入学者の総数は約2万5千人である。ちなみに日本国内の大学総数は約800校であり，いかに看護学科が多いかがわかる。

コラムⅠ　筆者が教えている看護職向け授業について

　この本の他の執筆者は，筆者以外全員看護師資格を有している。看護師資格を有さず看護教育を受けていない筆者が不思議なことに現在複数の看護師養成校で授業を担当している。当然ながら看護学，医学を教えることはできないが医療経営学を中心とする科目を担当している。

　筆者が看護職に講義を行っている教育機関と担当科目は以下である。

国際医療福祉大学 小田原保健医療学部看護学科 組織運営管理論 全15回講義

川崎市立看護大学 看護学科 医療経営学 全14回講義

国際医療福祉大学 看護生涯学習支援室 認定看護管理者教育課程

　　ファーストレベル　看護サービスの質評価と改善

　　セカンドレベル　組織マネジメントの実際

　　サードレベル　　経営戦略

国際医療福祉大学　九州地区生涯教育センター

　　セカンドレベル　組織マネジメントの実際

日本赤十字社幹部看護師研修センター 認定看護管理者教育 論理的思考演習

　国際医療福祉大学小田原キャンパスの「組織運営管理論」は，理学療法学科と作業療法学科の学生が混じり10人程の受講生と意見交換しながら授業を行っている。川崎市立看護大学の「医療経営学」は授業目標に経営経済のわかる看護師になることを掲げており，毎回の授業で経済動向や企業情報を話している。幸いにも受講者30人程は結構熱心に受講している。国際医療福祉大学

と日本赤十字社の認定看護管理者教育課程は実務に就いている看護師が研修として参加している。ファーストレベルでは，論理的思考に関する講義を行いグループワークとしてロジックツリーによる問題解決を課し，セカンドレベルでは組織分析として所属組織の SWOT 分析をグループワークとして作成を指導している。サードレベルでは，医療機関の経営戦略を述べ，経営分析をグループワークで作成を課している。

　看護学科１年生から病院看護部長職までの講義を担当して感じることは，看護職は真面目に授業に参加する受講生が多いことである。一般的傾向で教室の教壇前には大半の学生は座らないが，看護学科学生は積極的に前の方に座る学生が多いようである。同様に看護管理者研修においても積極的に授業に参加する受講生が多い傾向にある。そして，授業開始５分前には席についている受講生が多いことも特徴としてあげられる！

8．看護職員数と勤務場所について

　日本の看護職員総数は，約 166 万人である。その内訳は，看護師 128 万人，准看護師 28 万人，保健師 5.5 万人，助産師 3.8 万人である。

　看護職員の働いている場所は，病院に約 101 万人，診療所に約 27 万人，訪問看護 ST に約 7 万人，介護保険施設に約 17 万人，社会福祉施設に約 3 万人，自治体に約 4 万人，その他約 6 万人となっている。

図表序-5　看護職員数

	総数	看護師	准看護師	保健師	助産師
2020 年	1,659,035 人	1,280,911 人	284,589 人	55,595 人	37,940 人

出所：「看護関係統計資料集（令和 4 年)」日本看護協会出版会

図表序-6　看護職員の勤務施設

(単位：千人)

	病院	診療所	訪問看護 ST	介護保険施設	社会福祉施設	自治体	その他	合計
2020 年	1,012	272	67	172	33	44	59	1,659

出所：「看護関係統計資料集（令和 4 年)」日本看護協会出版会

9．看護職の勤務する医療施設等について

前記の表のように看護職員が勤務している施設は様々なものがある。ここで各施設について簡単に説明する。

なお，以下の施設のうち管理者が医師であるものは，病院と診療所と介護老人保健施設である。助産院の管理者は助産師となっている。管理者が看護師であるものは，訪問看護ステーション，看護小規模多機能型居宅介護（看多機）がある。

10．医療法が定める医療施設

10.1　病院

病院は，医師・歯科医師が，特定多数人のために医業又は歯科医業を行う場所であり，20 人以上の患者を入院させるための施設を有するものをいう。病院は，傷病者が，科学的でかつ適正な診療を受けることができる便宜を与えることを主たる目的として組織され，かつ，運営されるものでなければならない（医療法第一条の五）。

10.2　診療所

診療所は，医師・歯科医師が，特定多数人のため医業又は歯科医業を行う場所であり，入院施設を有しないものか，又は 19 人以下の患者を入院させるための施設を有するものをいう（医療法第一条の五）。

10.3　介護老人保健施設

介護老人保健施設（老健施設）は，介護保険法の規定による介護老人保健施設のことをいう（医療法第一条の六）。

10.4　助産所

助産所は，助産師が特定多数人のためその業務（病院又は診療所において行

うものを除く）を行う場所をいう（医療法第二条）助産所は，妊婦，産婦又は
じょく婦 10 以上の入所施設を有してはならない（医療法第二条 2）。

11. 老人福祉法が定める老人福祉施設

11.1 老人短期入所施設

　老人短期入所施設は，短期入所生活介護に係る居宅介護サービス費若しくは
介護予防短期入所生活介護に係る介護予防サービス費の支給に係る者その他の
政令で定める者を短期間入所させ，養護することを目的とする施設とする（老
人福祉法第二十条の三）。

11.2 養護老人ホーム

　養護老人ホームは，環境上の理由及び経済的理由により居宅において養護を
受けることが困難な者を入所させ，養護するとともに，その者が自立した日常
生活を営み，社会的活動に参加するために必要な指導及び訓練その他の援助を
行うことを目的とする施設とする（老人福祉法第二十条の四）。

11.3 特別養護老人ホーム

　特別養護老人ホームは，六十五歳以上の者で，身体上又は精神上著しい障害
があるために常時の介護を必要とし，かつ，居宅においてこれを受けることが
困難なものを入所させ，養護することを目的とする施設とする（老人福祉法第
二十条の五）。

12. 介護保険法による施設（看護師が管理者であるもの）

12.1 訪問看護ステーション

　訪問看護ステーションは，介護保険法に基づき，都道府県知事等の指定を受
け，保健師または看護師が管理者となって運営する事業所である。訪問看護従
事者として看護師・准看護師・保健師等を最低でも常勤換算 2.5 名配置してい
る。主治医から交付される訪問看護指示書に基づき，訪問看護サービスを提供

している。

12.2　看護小規模多機能型居宅介護

　看護小規模多機能型居宅介護（看多機）は，医療依存度の高い人や退院直後で状態が不安定な人，在宅での看取り支援など，住み慣れた自宅での療養を支える介護保険サービスである。主治医との連携のもと，医療処置も含めた訪問看護，訪問介護，通い，泊まりなどを 24 時間 365 日提供している。管理者は，特養などで 3 年以上の介護経験を有し，定められた研修を修了した者か，看護師もしくは保健師が就くことができる。

13.　日本看護協会の訪問看護と
　　　看護小規模多機能型居宅介護への取り組み

　日本看護協会は，2025 年には最大約 12 万人の訪問看護従事者が必要とされていることから，2019 年度に「日本看護協会が提案する訪問看護師倍増策」を策定し公表している。同策によって訪問看護従事者の確保や訪問看護提供体制の強化に向けた事業を展開している。同時に，多様なニーズに広く対応することができる看護小規模多機能型居宅介護のさらなる周知と設置推進に向けた取り組みを進めている。

14.　病院組織における看護部門

　看護職が最も多く働いている医療施設である病院と看護部門について簡単に述べる。

　組織論から見る病院の組織デザインは職能別組織である。病院組織は大きく分けて診療部・医療技術部・看護部・事務部で構成されている。診療部・医療技術部・看護部が実体活動を担当する現業部門であり，事務部門は総務・人事・経理といった経営管理業務と用度・施設・医事等の現場サービス部門に分けられる。

　病院組織における看護部は，入院および外来において看護サービスを提供す

図表序-7　病院組織図

出所：筆者作成

る部門である。看護部門を構成する職員は，看護部長，看護副部長のもとに各病棟に看護師長，看護主任，看護師，看護助手，クラークなどがいる。看護師は病棟，外来，中央診療施設などの部署に配属されておりその人数は病院組織の中で最大である。

15.　看護部門の独立

　現在の病院組織において看護部門は診療部から独立した部門として運営されている。しかし，過去には看護師は医師に従属する形で業務を行っていた。
　1945 年の国立病院の病院組織図では看護婦は診療各科に所属しており独立した業務組織ではなかった。1949 年に「総看護婦長制度」が導入されて，国立療養所勤務の病院看護婦業務指針の組織形態には，病院長－副院長－総看護婦長－副総看護婦長－看護婦長－主任看護婦－看護婦の形となっている。1976年に国所管の病院において総看護婦長から看護部長に名称を改め，大学病院，国立病院，国立療養所を対象に看護部長制度ができて，病院組織において看護部が独立した組織となっている（井部 2007）。

16.　病院の看護部長と看護職副院長の出現

　日本で最初に看護部長の名称が使われたのは，1956 年に国立第一病院の初

代総婦長の吉田氏が退官して自衛隊病院に移った際であり，その後各病院の内規で看護部を設置したところもあったが，1976年に国立大学設置法の一部改正により国立大学病院は看護部を設置してその長を看護部長とすることになった。同年に国立病院・療養所もそれまでの総婦長を看護部長と名称変更することとされたが，看護部の設置は1982年に厚生省組織規程の改正がなされてからであった。

　1985年に草刈淳子が第23回日本病院管理学会の講演で，アメリカでは看護部長で副院長の地位を得ているものは全体の3割強である，と講演した際に，日本には看護職の副院長は存在していなかった。1987年に東札幌病院の石垣看護部長が日本初の副院長となり，1988年に聖路加国際病院の内田総婦長が副院長に就任した。1996年に岐阜県立岐阜病院の高木美智子看護部長が初の公立病院副院長に就任している。2004年の独立行政化以降国立大学病院で看護職の副院長が登場している（日本看護歴史学会 2014）。

　日本看護協会の調査によれば，看護職員の副院長への登用は2,668施設中360施設（13.5％）であり，今後登用予定は41施設（1.5％）である（2021年病院看護・外来看護実態調査報告書）。看護職の副院長登用件数は漸増中であると捉えられる。

17. 日本看護協会と将来ビジョンについて

　看護職の職能団体である日本看護協会は1947年に設立され2011年に公益社団法人として認定されている。看護職の資格を持つ個人が自主的に加入し運営する日本最大の看護職能団体で47都道府県看護協会と連携して活動する全国組織で，現在約77万人（2022年現在）の看護職が加入している。個人の力では解決できない看護を取り巻く課題を，組織の力で解決し，看護を発展させ，社会に貢献することを目的としている。同会の3つの基本理念の「看護の質の向上」「看護職が働き続けられる環境づくり」「看護領域の開発・展開」の下で様々な活動を展開している。

　看護の将来ビジョンとして「いのち・暮らし・尊厳をまもり支える看護」を表明している。その内容として，生活を重視する保健・医療・福祉制度への転

換の促進として，地域包括ケアシステム[3]構築への参画，暮らしの場における看護機能の強化を打ち出している（日本看護協会ウェブサイト）。

18. 看護管理について

　看護管理とは，患者は健康を維持向上するにふさわしい看護援助を導き出すための有効な方法を指している。

　WHO（世界保健機関）は，看護師の潜在能力や関連分野の職員および補助的職員あるいは設備や環境・社会の活動などを用いて人間の健康の向上のためにこれらを系統的に適用する過程であるとしている。

　日本看護協会は，病院における看護管理を以下のように述べている。病院の目的を達成するために，組織系統と権限，責任などを明らかにして看護職員の持つ知識や技術が有効に発揮されるように人員配置，環境，設備などの条件を整えて，直接の作業が順調に行われ，24時間裁量の看護業務が継続実施されるように規制・調整・指導・援助を行うことである（宮脇 2021）。

19. 継続教育としての看護教育

　看護に求められる役割は拡大し複雑化している。看護師が健康の向上に貢献するためには看護師養成教育機関に続いて生涯教育の一環として継続教育が必要になっている。

　日本看護協会は，看護職の継続教育として，新人教育，ジェネラリストを育成する教育，スペシャリストを養成する教育，管理者を育成する教育，教育者・研究者を育成する教育の教育範囲を定めている（宮脇 2021）。

　これらの継続教育が次の資格制度につながっていると捉えられる。

20. 看護職の資格制度について

　日本看護協会は資格認定制度別に，制度委員会，認定委員会，認定実行委員会を設置し，1994年に専門看護師制度，1995年に認定看護師制度，1998年に

認定看護管理者制度を発足している。

　なお，「専門看護師」「認定看護師」「認定看護管理者」の3つの名称は日本看護協会の登録商標である。

21.　専門看護師制度とは

　専門看護師制度は，特定の専門看護分野の知識・技術を深めた看護師を社会に送り出すことで保健医療福祉の発展に貢献し併せて看護学の向上をはかることを目的とするものである。

　専門看護師になるには，日本国看護師の免許を有し，看護系大学院修士課程を修了し日本看護系大学協議会が定める専門看護師教育課程基準の所定の単位を取得し，実務研修通算5年以上（うち3年間以上は専門看護分野実務研修）で，認定審査に合格することで専門看護師認定されることになる。

　専門看護師の役割は以下の6つを果たすことにある。

---

① 　個人，家族及び集団に対して卓越した看護を実践する。（実践）
② 　看護者を含むケア提供者に対しコンサルテーションを行う。（相談）
③ 　必要なケアが円滑に行われるために，保健医療福祉に携わる人々の間のコーディネーションを行う。（調整）
④ 　個人，家族及び集団の権利を守るために，倫理的な問題や葛藤の解決を図る。（倫理調整）
⑤ 　看護者に対しケアを向上させるため教育的役割を果たす。（教育）
⑥ 　専門知識及び技術の向上並びに開発を図るために実践の場における研究活動を行う。（研究）

　専門看護分野として特定されている分野は14分野（2022年2月現在）である。

専門看護分野特定分野 14分野
① 　がん看護（Cancer Nursing）がん患者の身体的・精神的な苦痛を理解し，患者やその家族に対して QOL（生活の質）の視点に立った水準の高い看護を提供する。

② 精神看護（Psychiatric Mental Health Nursing）精神疾患患者に対して水準の高い看護を提供する。

③ 地域看護（Community Health Nursing）産業保健，学校保健，保健行政，在宅ケアのいずれかの領域において水準の高い看護を提供し，地域の保健医療福祉の発展に貢献する。

④ 老人看護（Gerontological Nursing）高齢者が入院・入所・利用する施設において，認知症や嚥下障害などをはじめとする複雑な健康問題を持つ高齢者のQOLを向上させるために水準の高い看護を提供する。

⑤ 小児看護（Child Health Nursing）子どもたちが健やかに成長・発達していけるように療養生活を支援し，他の医療スタッフと連携して水準の高い看護を提供する。

⑥ 母性看護（Women's Health Nursing）周産期の母子および家族への支援，女性のライフサイクル全般にわたる健康への援助等，水準の高い看護ケアを提供する。

⑦ 慢性疾患看護（Chronic Care Nursing）生活習慣病の予防や，慢性的な心身の不調とともに生きる人々に対する慢性疾患の管理，健康増進，療養支援などに関する水準の高い看護を行う。

⑧ 急性・重症患者看護（Critical Care Nursing）緊急度や重症度の高い患者に対して集中的な看護を提供し，患者本人とその家族の支援，医療スタッフ間の調整などを行い，最善の医療が提供されるよう支援する。

⑨ 感染症看護（Infection Control Nursing）施設や地域における個人や集団の感染予防と発生時の適切な対策に従事するとともに感染症の患者に対して水準の高い看護を提供する。

⑩ 家族支援（Family Health Nursing）患者の回復を促進するために家族を支援する。患者を含む家族本来のセルフケア機能を高め，主体的に問題解決できるよう身体的，精神的，社会的に支援し，水準の高い看護を提供する。

⑪ 在宅看護（Home Care Nursing）在宅で療養する対象者及びその家

族が，個々の生活の場で日常生活を送りながら在宅療養を続けること
を支援する。

⑫　遺伝看護（Genetics Nursing）対象者の遺伝的課題を見極め，診断・
予防・治療に伴う意思決定支援と QOL 向上を目指した生涯にわたる
療養生活支援を行い，世代を超えて必要な医療・ケアを受けることが
できる体制の構築とゲノム医療の発展に貢献する。

⑬　災害看護（Disaster Nursing）災害の特性をふまえ，限られた人的・
物的資源の中でメンタルヘルスを含む適切な看護を提供する。

⑭　放射線看護（Radiological Nursing）放射線がもたらす身体，心理社
会的影響の特性をふまえ，放射線事故・災害における平時からの体制
構築と健康課題を有する対象へ長期的な看護を提供する。

22. 認定看護師（Certified Nurse）とは

　認定看護師は，ある特定の看護分野において，熟練した看護技術と知識を有
する者として，本会の認定を受けた看護師である。特定の看護分野における熟
練した看護技術及び知識を用いて看護を必要とする対象に水準の高い看護実践
のできる看護師を社会に送り出すことによって看護ケアの広がりと質の向上を
図ることを目的とするものである。

　認定看護師になるには，看護師として5年以上の実践経験を持ち，日本看護
協会が定める 600 時間以上の認定看護師教育を修め，認定看護師認定審査に合
格することで取得できる資格である。審査合格後は認定看護師としての活動と
自己研鑽の実績を積み5年ごとに資格更新している。

　認定看護師の3つの役割は以下である。

①　個人，家族及び集団に対して，高い臨床推論力と病態判断力に基づき，
熟練した看護技術及び知識を用いて水準の高い看護を実践する。（実
践）

②　看護実践を通して看護職に対し指導を行う。（指導）

③　看護職等に対しコンサルテーションを行う。（相談）

認定看護分野一覧（19 分野：2020 年度から教育開始）

① 感染管理（Infection Control）医療関連感染の予防・管理システムの構築

② がん放射線療法看護（Radiation Oncology Nursing）放射線治療を受ける対象の身体的・心理的・社会的アセスメント

③ がん薬物療法看護（Cancer Chemotherapy and Immunotherapy Nursing）がん薬物療法の適正な投与管理とリスクマネジメント，暴露対策

④ 緩和ケア（Palliative Care）痛みやその他の身体的・心理社会的・スピリチュアルな問題のアセスメント

⑤ クリティカルケア（Critical Care）急性かつ重篤な患者の重篤化回避と合併症予防に向けた全身管理

⑥ 呼吸器疾患看護（Respiratory Nursing）呼吸症状のモニタリングと評価，重症化予防

⑦ 在宅ケア（Home Care）生活の場における QOL の維持・向上とセルフケア支援

⑧ 手術看護（Perioperative Nursing）手術侵襲及びそれによって引き起こされる苦痛を最小限に留めるためのケア

⑨ 小児プライマリケア（Pediatric Primary Care）重篤な状態にある児もしくは医療的ケア児に対する重症化予防

⑩ 新生児集中ケア（Neonatal Intensive Care）ハイリスク新生児の急性期の全身管理

⑪ 不全看護（Heart Failure Nursing）心不全症状のモニタリングと評価，重症化予防

⑫ 腎不全看護（Nephrology Nursing）疾病の進展予防，合併症の早期発見と症状マネジメント，セルフケア支援

⑬ 生殖看護（Reproductive Health Care）性と生殖の機能，その障害とリスク因子に関する知識に基づく妊孕性の評価

⑭　摂食嚥下障害看護（Dysphagia Nursing）摂食嚥下機能とその障害の評価

⑮　糖尿病看護（Diabetes Nursing）血糖パターンマネジメント

⑯　乳がん看護（Breast Cancer Nursing）術後合併症予防及び緩和のための周手術期ケアと意思決定支援

⑰　認知症看護（Dementia Nursing）認知症の症状マネジメント及び生活・療養環境の調整

⑱　脳卒中看護（Stroke Nursing）重篤化回避のためのモニタリングとケア

⑲　皮膚・排泄ケア（Wound, Ostomy and Continence Nursing）褥瘡のトータルマネジメント

23.　認定看護管理者とは

　認定看護管理者は，患者・家族や地域住民に対しより質の高いサービスを提供できるよう，自身が管理する組織の課題を明らかにし，組織内の様々な部署や人に働きかけて，組織全体のサービス提供体制の向上に取り組む看護師である。また，地域の組織間の連携を図るなど，地域全体の医療・看護の質の向上に努めている。

　認定看護管理者になるには，日本国の看護師免許を有する，看護師として通算5年以上の実務経験を持ち，そのうち通算3年以上は看護師長相当以上の看護管理の経験があること。そして，認定看護管理者教育課程サードレベルを修了している者か，看護管理に関連する学問領域の修士以上の学位を取得している者で，看護管理者認定審査に合格することで取得できる資格である。審査合格後は認定看護管理者としての活動と自己研鑽の実績を積み，5年ごと資格更新が必要である。

　認定看護管理者の教育課程は，ファーストレベル，セカンドレベル，サードレベルの3課程がある。3課程の受講資格は何れも日本国の看護師免許を有する者。看護師免許を取得後，実務経験が通算5年以上ある者となっている。

　ファーストレベルの受講資格は管理業務に関心がある者である。

　セカンドレベルの受講資格は，認定看護管理者教育課程ファーストレベルを修了している者，または看護部長相当の職位にある者，もしくは副看護部長相当の職位に1年以上就いている者である。

　サードレベルの受講資格は，認定看護管理者教育課程セカンドレベルを修了している者，または看護部長相当の職位にある者，もしくは副看護部長相当の職位に1年以上就いている者である。

　筆者は，コラムで記載したように，国際医療福祉大学生涯学習センターによるファーストレベル，セカンドレベル，サードレベルの教育課程の講師と，国際医療福祉大学九州地区生涯教育センターによるセカンドレベルの教育課程の講師と，日本赤十字社幹部看護師研修センターによるセカンドレベルの教育課程の講師を行っている。

24. 特定看護師（特定行為研修を修了した看護師）

　特定看護師は資格が付与されるものではないが，特定行為研修を修了し，高度な知識や判断力があると評価されると医師，歯科医師の判断を待たずに診療補助を行うことができる看護師である。特定行為研修を修了した看護師には，指定研修機関から，特定行為研修修了証が交付される。特定行為研修を修了した看護師の名称について規定はない。

　特定看護師制度の創設について，厚生労働省は以下のように述べている。さらなる在宅医療等の推進を図っていくためには，個別に熟練した看護師のみでは足りず，医師又は歯科医師の判断を待たずに，手順書により，一定の診療の補助などを行う看護師を養成し，確保していく必要がある。このため，その行為を特定し，手順書によりそれを実施する場合の研修制度を創設し，その内容を標準化することにより，今後の在宅医療等を支えていく看護師を計画的に養成していくことが，本制度創設の目的となっている。

　特定行為は，診療の補助であり，看護師が手順書により行う場合は，実践的な理解力，思考力及び判断力並びに高度かつ専門的な知識及び技能が特に必要とされる38行為である。

コラムⅡ　忙しい看護師長の日常

　ミンツバーグは，カナダ・モントリオール市内ジューイッシュ総合病院の北西第四病棟のファビアン看護師長の密着取材を試みて看護師長の多忙ぶりを述べている。

　ファビアン師長は朝7時20分に出勤し午後6時45分に退出するまで11時間半働いている。同師長は31人の看護師と7人の補助スタッフと3人の受付担当を束ねており，朝は早めに出て夜勤看護師と会話し，夕方も出勤する夜勤看護師と話すようにしており自分のデスクワークは遅い時間にずれ込んでしまっている。

　この日は予定されていた活動以外は概ねナースステーションにいて，その場で起きる問題に片っ端から対処していた。少しでも空いた時間があれば事務作業を行った。同師長がすべての中心に位置しその周囲でスタッフが様々な活動をひっきりなしに行っていた。秒刻みで指示を出したり，何かを尋ねたり相談に応えており，他の人とのやりとりをすべて記録するのは不可能であった。人員の配置，特定の患者の投薬，手術や退院スケジュール管理など，すべての活動が切れ目なく続いているように見えた。

　朝のナースセンターは夜勤と日勤の交代時間で大勢の看護師でごった返していた。すべての人たちの調整は同師長が走りながら行っており，「すべてを把握して交通整理ができる人物が必要なんです」と述べている。8時半ナースステーションに9人の看護師が集まりこの日のミーティングが始まり，手際よく一人ひとりの患者の病状他を話し合った。9時10分ミーティングが終わると看護師たちは自分の仕事に戻っていった。同師長はそれまでと同じようにナースステーションで起こる内外の問題に対処していた。夜勤スタッフを束ねる看護師が出勤すると患者の状況の申し送りを行った。16人が集まった瞬間も二度あった。午後4時を過ぎるといつのまにか仕事のペースが落ち着きはじめたので書類仕事に取り掛かっている。病院外での接点は，術後患者の転院先病院，患者家族，コミュニティー支援団体，看護学生や売り込み担当者と接しているとのことである。

　この日は同師長が退出したのは午後6時4分であった。

出所：Mintzberg（2009），邦訳，382-385頁。

25. 病院の看護部長の学歴について

　本書の共著者（第9章担当）の髙田（2022）は日本国内95施設の看護部長95人のアンケート結果を著している。

　その研究によると看護部長が有する資格は，看護師94人（98.9%），准看護師1人（1.1%）であり，認定看護師3人（3.2%），専門看護師4人（4.2%），認定看護管理者71人となっている。研究結果より認定看護管理者資格を有する看護師が看護部長に多く就いている傾向があると捉えられる。これは，認定看護管理者として管理組織の課題を明らかにし，組織内の様々な部署や人に働きかけて組織全体のサービス提供体制向上に取り組むことができるからこそ看護部門のトップに就任していると捉えることができる。

　そして看護部長の学歴は，看護学校卒業39人（28.4%），学士17人（17.9%），修士37人（38.9%），博士2人（2.1%），無回答6人（30.5%）となっている。

　この研究結果より看護部長に就任する看護職には，より高い学歴が求められているものと捉えることができる。

（羽田　明浩）

[注]
1　Nightingale（1860），邦訳，14頁。
2　ナイチンゲール方式とは，訓練のために組織された病院で技術的に訓練を行うこと，人間的かつ規律的生活に適したホームで暮らすことである。
3　地域包括ケアシステムは，高齢者の尊厳の保持と自立生活の支援の目的のもとで，可能な限り住み慣れた地域で，自分らしい暮らしを人生最期まで続けられるように地域の包括的な支援・サービス提供体制の構築を推進しているものである。2012年度診療報酬改定で基本方針に取り上げられ同年から注目されている。

[参考文献]
井部俊子・中西睦子（2007）『看護組織論』日本看護協会出版会。
看護史研究会（1993）『看護学生のための日本看護史』医学書院。
公益社団法人日本看護協会（2022）『令和4年版看護白書』日本看護協会出版会。
公益社団法人日本看護協会ウェブサイト（https://www.nurse.or.jp/）。
小玉香津子他（2002）『看護学概論』文光堂。
佐藤典子（2007）『看護の社会学』専修大学出版。
髙田由紀子（2022）「病院における看護職副院長の経営に対する意識」国際医療福祉大学博士論文。

日本看護協会調査研究報告 No.97（2022）『2021 年病院看護・外来看護実態調査報告書』日本看護協会。

日本看護歴史学会（2014）『日本の看護のあゆみ』。

野村陽子（2015）『看護制度と製作』法政大学出版社。

宮脇美保子編集（2021）『看護学概論』メディカルフレンド社。

山下麻衣（2017）『看護婦の歴史　寄り添う専門職の誕生』吉川弘文館。

Mintzberg, H.（2009）, *MANAGING*, California: Berrett-Koehler Publishers, Inc.（池本千秋訳『マネジャーの実像』日経 BP 社，2011 年。）

Nightingale, F.（1860）, *Notes on Nursing: What It Is, and What It Is Not*, New edition, revised and enlarged, London: Harrison, 59, Pall Mall, Book-seller to the Queen.（薄井担子・小玉香津子訳『看護覚え書』現代社，1968 年。）

病院勤務の看護管理者による経営改善の事例

管理

　「病人をあずかっている責任者に「管理」するとはどういうことかを書物で教えようとしても，それはちょうど看護の仕方を書物で教えるのとおなじくらい不可能なことである。症例によって周囲の条件は変わってくるに決まっているからである」（Nightingale 1860，邦訳，第3章「小管理」より）。

　第1部は，下記の病院看護部門の管理者3人による病院における看護の業務改善の事例を紹介する。

　第1章は，佼成病院看護部長の秋山陽子氏による，地域包括ケア病棟再構築の事例と看護部長の仕事についてである。

　第2章は，公立福生病院看護部長の松浦典子氏による，持続可能な地域包括ケア病棟の運営についてである。

　第3章は，筑波メディカルセンター病院看護副部長の平根ひとみ氏による，看護データを活用したマネジメントと業務改善の取り組みである。

　3人の病院の看護部問の管理者達は，大学院修士課程の課題研究を実務において活用して所属病院の業務改善に取り組んでいる。それらと併せて大学院への進学理由と現在の仕事を述べており，病院の看護部門に従事する方にとって多くのことが参考になるものと思われる。

第1章
地域包括ケア病棟再構築の事例と看護部長の仕事

1．MBA コース進学について

1.1　自己紹介

　病院で働く母に憧れ，幼い頃から将来の夢は看護師になることであった。高校卒業と同時に故郷である群馬県を離れ，東京都にある杏林大学医学部附属看護専門学校で学び，看護師になる夢をかなえた。そのまま同大学病院に就職し，第一内科（呼吸器・腎臓・神経内科）に配属され，内科疾患や基本的な看護技術を経験した。その後，病棟再編により3科がそれぞれ独立し，筆者は呼吸器内科病棟の主任になり，その後35歳で師長となった。ここでは HOT（Home Oxygen Therapy）外来を開設したり，学術集会や地域住民への講演に参加するなど，多職種と協同した活動を多く経験した。

　一般的に30代の看護師は，スペシャリスト，マネジメント，ジェネラリストのどの道に進むかを考える時期である。筆者は自身のキャリアプランが明確だったわけではない。あまり考えずに引かれたレールに乗ってマネジメントの道に進んだ。知識のないまま管理者になってしまったが，院内には経験豊かな看護管理者が多く，様々なことが相談でき良き役割モデルの行動を模倣しながら職務を遂行した。実際1つの部署を管理するという師長の役割はとても楽しいものであった。

　2016年より関連病院であった佼成病院へ異動し，入退院支援業務に携わった。ちょうど「退院支援」から「入退院支援」に変更となり地域包括システム構築にますます重点がおかれる時期で，変革期にあたる。PFM（Patient Flow Management）の考えに基づき入院前から患者支援を始めるための業務改善・組織改革を実施した。

　2019年に国際医療福祉大学大学院医療福祉学研究科経営専攻医療経営管理分野に入学し2021年に同大学院を修了し，医療ビジネス経営学修士（h-MBA：Healthcare Master of Business Administration）を取得している。そして，2022年4月より看護部長となり現在に至っている。

1.2　MBAコース進学動機

　前述のように，明確なキャリアプランを持たない筆者が，なぜMBAコースに進学したかというと，ここでも周囲からの勧めがあったことが大きい。中規模の民間病院に異動し，1人にかかる役割が増えた。業務として地域包括ケアシステムや医療連携に携わるタイミングであり，これまで以上に医事業務や財務的知識など組織横断的な動きが必要とされた。そこで実感したことは「私は看護のことしか知らない」ということであった。

　当時の上司から大学院への進学を強く勧められた筆者は，あまり気の進まないまま数か所の大学院を調べ見学会に参加した。その際に思いのほか好印象だったのが国際医療福祉大学のh-MBAコースであった。筆者が大学病院で勤務している際，国際医療福祉大学大学院で学んだ先輩看護師がいたため，その先輩から話を聞くこともできた。オープンキャンパスに参加した際には，ケースメソッドを体験させてもらった。医師，病院事務長，薬剤師，ビジネスマン，公認会計士，会社役員，経営コンサルタントなど様々な背景の人とディスカッションすることがとても新鮮で，狭い世界にいた筆者には，今までの枠から1歩踏み出すチャンスに感じた。「看護のことしか知らない」と感じていた筆者にはまさに「ビビッ」と来たのである。

1.3　勤務先紹介

　勤務先の佼成病院は東京都内の民間のケアミックス病院である。

　1952年8月，中野区に開設され，徐々に診療規模を拡大してきた。2014年9月に現在の杉並区和田に新築移転し，2017年からは杏林学園の教育関連施設になった。設立時からの理念は「真観〜正しくみて正しく手当てする〜」であり，人びとが心身に抱える"苦"を医療により軽減し，人びとを幸せにしたいという願いの込められた言葉である。この理念は現在も変わっていない。

　病床規模は許可病床 340 床であり 27 診療科で急性期医療を行っている。一方，緩和ケア・地域包括ケア病棟を有しており，1 つの施設で「誕生から看取りまで」の医療を提供できるということが特徴である。救急医療についても小児も含めて 24 時間体制で 1・2 次救急に対応して，地域医療に貢献している。

1.4　MBA 研究課題紹介

　筆者が行った MBA における研究課題は次のようなものである。

　地域医療構想における 2025 年医療需要推計をみると，二次医療圏（新宿・中野・杉並）と近隣の世田谷・渋谷を含む区西南部の状況は以下であった。

> ・高齢化率が進んでおり，2025 年には 75 歳以上の後期高齢者が 35 万人を超えると予測される。
> ・94 病院のうち急性期病床数は 17000 床を超え，約 5000 床過剰な状態である。さらに新宿区には大学病院が多く存在する。
> ・地域包括ケア病床は 938 床で，需要推計では 7000 床必要とされているにもかかわらず，回復期・地域包括ケア病床を合わせても 4500 床以上の不足である。

　二次医療圏におけるニーズは，回復期・地域包括ケア病床であることがわかる。当院の現状は，急性期病床稼働率は良好であったが，地域包括ケア病棟の稼働は芳しいものではない。近隣で地域包括ケア病棟を有している施設は少なく，当院が力を入れて取り組むべきは，すでに有する地域包括ケア病棟の効率的な活用と考えられる。

　こうした背景から経営改善に寄与することを目的に「地域包括ケア病棟の再構築」を研究課題とした。

2．当院の地域包括ケア病棟の現状分析

　地域包括ケア病棟は，2016 年 11 月に「地域包括ケア病棟入院料 2　看護配置 13：1」として急性期一般病床から転換された。

　病床稼働率（図表 1-1）は，平均 60〜70％で，2020 年はコロナの影響を受け，

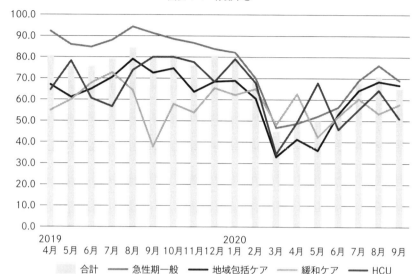

図表 1-1　稼働率①

出所：佼成病院データに基づき筆者作成。

一時的に30％まで落ち込んだ。自院からのポストアキュートが多く，一般病床の稼働と連動し推移する。経営改善のためにはサブアキュートを開拓する必要性がわかる。

3．取り組みの具体策

3.1　取り組み1：地域包括ケア病棟看護人員配置の見直し

　看護配置基準を満たし，なおかつ医療安全・職員の負担軽減の観点からも，適正な人員配置が必要である。

　病院幹部には「夜間看護配置加算の新規取得による増収」と「重症・医療看護必要度B項目の高さによる看護師の負担」（図表1-2）を示し，2020年度看護師および看護補助者を増員した。増加した人件費をカバーするには，稼働率を5％あげる必要があるため，稼働率目標を80％以上とした。一方で増員により2020年11月より夜間看護配置加算（図表1-3）が算定できるようになった。

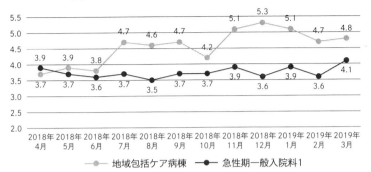

図表 1-2　B項目1人1日あたり評価点数の月次推移

出所：佼成病院データに基づき筆者作成。

図表 1-3　入院基本料と加算

	2020 年 4 月版	2022 年 4 月版
地域包括ケア病棟入院料 2	2620 点	2620 点
看護職員配置加算 13 対 1	150 点	150 点
看護補助者配置加算	160 点	160 点
看護職員夜間配置加算　2020 年 11 月より	65 点	70 点
看護補助体制充実加算　2022 年 5 月より	―	165 点

出所：診療報酬点数に基づき筆者作成。

3.2　取り組み2：疾患名別直接入院先の見直し

　サブアキュート対象の疾患について DPC 点数に基づき，「一般急性期に入院した場合」と「地域包括ケア病棟へ直接入院した場合」の疾患名別収益差を

図表 1-4　地域包括ケア病棟に直接入院するのが望ましい疾患

継続	白内障手術
	鼠経ヘルニア
5 疾患追加	急性期の対象にならない圧迫骨折
	抜釘
	眼瞼下垂
	突発性難聴
	帯状疱疹
3 領域追加	耳鼻科領域（上気道炎，扁桃炎等）
	形成領域（手術不要な四肢の外傷）
	泌尿器領域（結石等で入院希望者）

出所：筆者作成。

比較することで経営効率を検証した。

　「白内障」「鼠経ヘルニア」に加えて，今までは一般病床に入院していた5疾患および3領域を追加で上げた（図表1-4）。さらに，これらの患者で「症状が悪化する前に入院させたい」という在宅診療医師のニーズに対応するため，地域包括ケア病棟に直接入院する仕組みを検討した。

3.3　取り組み3：SWOT分析による新規開拓に向けた考察

　SWOT分析（図表1-5）を行うと，内部環境の強みは，「退院支援看護師や認定看護師の活動に力を入れている」「搬送用車両を持っている」一方，弱みは「地域包括ケア病棟専属医がいない」「紹介率・逆紹介率が低い」などがあがる。外部環境では「医療圏内に回復期・地域包括ケア病床が少ない」「富裕層が多く入居する有料老人ホームが，近隣に60施設ある」があがる。

　次にクロスSWOTにてA～Cの戦略を立て病院幹部へ提案したところ，協調戦略・差別化戦略・院内体制整備計画について承認された。計画については，ワーキンググループを立ち上げ病院の重点課題の1つとして実行することとなった。

A：協調戦略	・医療圏内に60施設以上ある有料老人ホームをターゲットとし，サブアキュートを目的とした医療連携契約を結ぶ計画を立案
B：差別化戦略	・認定看護師を活用し，摂食嚥下機能訓練の実施，スキンケアへの早期介入 ・集団療法（院内デイケア）の実施
C：院内体制整備	・地域包括ケア病棟医長に主治医決定権限の委譲 ・入院受け入れの簡素化などを含めた院内体制を整備 ・DPC期間Ⅱ以降の患者を毎週リストアップし，地域包括ケア病棟への転棟目安とする仕組みを整備 ・すべての内容を網羅した「地域包括ケア病棟運用手順書」を作成

図表 1-5　SWOT 分析

CROSS SWOT		外部環境	
		【機会】 ・医療圏内に回復期・地域包括ケア病床少ない ・二次医療圏内：介護付き有料老人ホーム 60 施設 ・医療－介護の連携希薄 ・富裕層が多い ・患者の高齢化（認知症・独居増）	【脅威】 ・近隣に地域包括ケア病棟（32 床，24 床）が新たにできた ・地域包括ケア病床の認知度が低い ・2020 年診療報酬改定にて 400 床以上施設サブアキュート割合規定
内部環境	【強み】 ・急性期・緩和ケア病棟を有する ・退院支援看護師，認定看護師 6 名の活動に力を入れている ・搬送用車両を持っている	【A：協調戦略】 ・有料老人ホームとの連携による直接入院の仕組み構築：サブアキュート強化 ・協力医療機関となる施設数を増やす	【B：差別化戦略】 ・個室利用者への送迎サービス ・予防ケア，院内デイケアの実施 　摂食嚥下機能訓練の実施 　スキンケアへの早期介入
	【弱み】 ・ポストアキュートに依存 ・病棟専属医がいない ・リハビリスタッフの不足 ・急性期病床稼働率 75 ％前後 ・有料個室稼働率 38 ％ ・紹介率，逆紹介率 40 ％台	【C：院内体制整備計画】 ・レスパイト入院の個室利用推進 ・地域包括ケア病棟へ直接入院する仕組み構築 ・入院手続きの簡素化 ・院内の意思統一	【最悪事態回避策】 ・ダウンサイジング

出所：筆者作成。

4．取り組みの成果

　2020-2021 年度は COVID-19 感染症のパンデミックにより，「協調戦略」である施設との連携促進が一時ストップし，さらに COVID-19 患者を受け入れるための病床編成や人員配置変更などを余儀なくされ，地域包括ケア病棟の再構築はスケジュール通りにはいかなかった。しかしながら，「差別化戦略」「院内体制整備」を実行することで，2020 年 12 月頃より稼働率 80％を超える月もみられた（図表 1-6）。また，DPC 期間 II 以降の対策は，急性期病床の回転率

と患者単価向上につながる1つの要因となり得た。

　2022年度の診療報酬改定では，本来の地域包括ケア病棟の役割を求められる改定が多くあった。筆者の課題はこれを見込んで取り組んでいたため，功を奏したことがいくつかあった。

　まず，「看護補助体制充実加算の新設」である。取り組み1で看護人員配置を見直し，看護補助者を増員していたことで，速やかに看護補助体制充実加算の算定につながった。

　次に，「自院の一般病床から転棟した患者割合6割未満」の要件が400床以上の病院から200床以上の病院に引き下げられたことである。当院は340床であり，対象になったが慌てることなく要件を満たす状況を維持できている。また「在宅患者支援病床加算」が見直され，老人保健施設や，自宅，有料老人ホームなどからの受け入れに高い点数がついた。感染症の影響で一時ストップしてしまったが，老人ホームをターゲットにした協調戦略の視点は間違ってはいなかった，と言えるであろう。

　さらに，地域包括ケア病棟設置基準の一部に「在宅後方支援病院であること，

図表 1-6　稼働率②

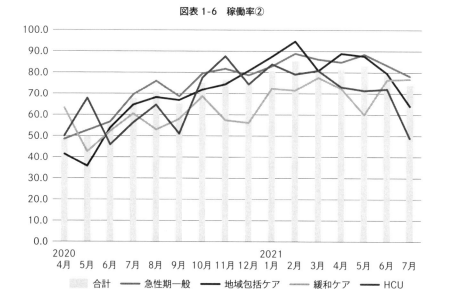

出所：佼成病院データに基づき筆者作成。

もしくは敷地内訪問看護ステーションの保有」が追加されたことがあがる。当院はいずれも満たしていなかったが，在宅診療医師のニーズを加味した院内体制整備をしていたことにより，在宅療養後方支援病院となるためのスムーズな仕組みつくりにつながった。

　このように h-MBA での研究課題は，机上のものではなく実践に直結し活かせる内容となった。

5．看護部長の仕事について

　看護部長の仕事は幅広い。そこで筆者が取り組んでいる業務を6つのカテゴリーに分けて紹介したい。

5.1　組織管理・経営戦略

項目	小項目	業務内容
管理体制	病院幹部会議	部署改変・意思決定
	組織図・機能図	組織図・機能図等改定
	部長・副部長業務，役割分担	部長・副部長業務内容，役割分担等検討・調整
看護部事業	事業計画立案・実施・評価	組織分析・計画立案，
		年間スケジュールパス作成・実施・評価
		中間・年間評価
看護部門目標管理	看護部目標管理	目標立案・実施・評価
	部署目標管理	部署からの相談・連絡・報告
看護管理者会議	看護管理室会議	部長・副部長にて経営戦略
	看護師長，副師長，主任会議	会議運営・教育　進行・資料準備
看護部委員会	委員会メンバー管理	メンバー選出
	委員会会議	委員会定例会議日程調整
	委員会年間活動支援	年間活動目標計画立案・実施・評価支援

　看護部長となり，まず最初に実施したことは，施設の「理念」「目標」に沿った看護部目標を定めることであった。副看護部長と共に検討し中長期計画とビジョンを決定し，年間の事業スケジュールを提示した。

　〈愛をもって接し本質を見抜く力を持ち，患者さんからも働くスタッフから

も「ここにきて良かった」と思ってもらえる看護の実践をしよう〉，と決め各会議や看護部の全委員会に参加し，自らの言葉で宣言した。

　また看護部の管理だけでなく，経営側の視点で病院長，事務部長とは定期的にミーティングを行い問題解決や意思決定を行っている。筆者が看護部長に就任した年は，COVID19蔓延真っ只中であり，COVID19患者への対応に関わる労力と経営貢献のバランスを考え，国や東京都の方針に合わせてその都度対応策を検討しなければならなかった。

　COVID19病棟の看護配置を7対1からハイケアユニット加算2（5対1）に変更したことは，大きな経済効果となった。

5.2　人的資源管理

項目	小項目	業務内容
人材確保	採用計画と採用活動	総務・人事課と看護師配置数の検討
	リクルートガイド	作成・他社との調整，撮影・校了スケジュール作成
	インターンシップ	希望者受付，開始前抗体確認
		病棟配置・オリエンテーション・まとめ等の対応
	就職フォーラム・就職説明会	就職説明会の計画と参加
	採用試験	採用面接，試験問題作成
	看護補助者の採用	看護補助者の採用と管理
		委託，派遣業者との窓口
人材管理	看護職員名簿管理	看護職員名簿データ更新
	資格データ更新	資格確認
	看護職員の異動・配置計画・管理	採用計画・配置計画
		異動・退職・復職・休職等の把握
		引越し・改姓手続き・システム入力
	昇任人事	昇任人事の計画・面接
		昇任者オリエンテーション
労働環境管理	処遇改善	夜勤負担軽減
		賃金・人事考課制度の見直し
	勤務管理	勤務表管理（適正な労働日数の把握）
		夜間休日管理師長勤務表作成

		労働時間管理（時間外勤務など）
		夜勤時間管理
	休暇・休職者の管理	休暇・休職関連情報の管理
		・年次有給休暇取得管理
		・短時間勤務申請者管理
		・病気休暇等取得管理
		・産前産後育児休暇者管理
		・オンコール者タクシー代申請書
労働環境改善	職務満足・WLBの向上	職務満足度調査の企画・実施・評価
		苦情・相談・労務組合対応
	研修・オリエンテーション	復職者・休職者支援
安全衛生管理	補償制度への加入と管理	看護職賠償責任保険加入管理
	職能団体会員の把握と管理	日本看護協会・東京都看護協会
		日本看護連盟・東京都看護連盟
	職員のメンタルヘルス	支援の必要な職員の把握と対応

　看護師の配置は，看護の質のコントロールや入院基本料などの病院の収益などに関わる。さらに労働時間に関わる病院法といった様々な要素に絡むため，適切な人員配置は重要な業務である。また2022年診療報酬改定では看護補助者の配置に関わる加算が見直され，看護師と同様，看護補助者の効果的な配置も重要となった。

　毎月，平均患者数と看護要員の実労働時間を照らし合わせ，配置シミュレーションをしながら人員配置を決定している。部署の活性化や看護師個々のキャリアプランなども念頭に配置を決定する必要があるため，大変骨の折れる業務である。

　人員配置を考えるうえで前提となるのが，安定した人員確保である。前職の大学病院と違い，知名度の低い民間病院では，まず病院の存在を知ってもらうことから始まる。看護部長になり，初めて人員確保の大変さを知った。そこで，明るく元気な師長と副看護部長を中心に各部署からスタッフを選抜し「就活部」というグループを発足した。筆者，就活部メンバー，人事部とともに採用計画を立て，就業フェアなどへの参加，インターンシップや施設見学，SNSの活用などを企画している。本来なら人員の定着が理想であり，夢は大きく長

期目標を「マグネットホスピタル」としている。しかし現段階では「仲介会社を利用しなくても人材が集まること」を目指し，就活部とともに活動している。

　またCOVID19病棟への人員サポート体制を構築し，感染の波に合わせながら人員配置を行うこともこの時期特有の大きな業務であった。「未知の感染症を看るのは怖い」「どうして自分が異動になるのか」「どの病棟も人員が少ない中頑張っているのに，どうしてCOVID19病棟だけ手当金がもらえるのか」など当初は不安や不公平感を持つスタッフが多く存在した。この経験で，リーダーシップとともに人事における動機付けの重要性を痛感させられた。

　さらに労働環境管理は人材定着に影響する。夜勤・交代制勤務の負担を軽減していく対策は大きな役割である。人事考課制度検討委員会に参加し賃金面からも看護職員の処遇改善に努めている。

5.3　看護業務

項目	小項目	業務内容
看護業務改善	看護基準・手順	看護手順遵守率の向上対策計画・分析・評価
		PNS定着促進
		病棟ラウンド（部署内の問題・スタッフの健康状態・管理相談等）
	サポートナース体制	サポートナース体制の実態把握と評価改善
	看護補助者の活用	業務量調査の企画・実施・評価
		業務・契約内容の検討と提案
帳票管理	家族付き添い申請書	点検・保管
	看護部管理日誌・病棟管理日誌	点検・保管
連携	他部門連携	他部門との連絡・調整
		タスク・シフト／シェアの検討
		委託業者との連絡会議と調整
	地域連携	第4医療圏看護管理者連絡会
		他施設・地域の連携の会参加
臨床管理		入院・転床・空床管理
		ベッドコントロール業務内容の検討
医療安全	事故防止対策	インシデント・アクシデント分析・教育
	医療安全文化調査	データ収集・入力・ベンチマーキング

感染対策	感染予防対策	各部署の感染症チェック・対策指導
		発熱外来運営
		各種ワクチン接種の企画
災害対策	緊急時の管理体制	連絡体制・連絡網

看護職員が行う業務を把握し，管理していくことは言うまでもない。

厚生労働省より 2040 年の医療体制の構築に向け，地域医療構想，医師・医療従事者の働き方改革，医師偏在対策を「三位一体」で推進していく方針が法令で示されている。特に 2019 年 4 月 1 日に「働き方改革を推進するための関係法律の整備に関する法律」による時間外労働の上限規制の施行により，医療現場の働き方の見直しは喫緊の課題である。当施設でもタスク・シフト／シェアの推進は必須でありワーキングを立ち上げた。看護部長としてその一員となり，多職種と連携しながら取り組みを進めている。各職種の業務内容や業務範囲，指示のあり方等について理解する良い機会となっている。医療政策の転換期であり，これに乗り遅れてはならずトップリーダーとしての責任は重大であると感じる。

5.4　キャリア開発

項目	小項目	業務内容
現任教育	キャリアプランの把握	キャリアシート調査
	新人看護職員研修	新人看護職員研修企画・実施・評価
	現任教育計画	立案・実施評価
	院内認定制度（ライセンス教育）	静脈注射認定・がん性疼痛・褥瘡・BLS
	役割継続教育研修（院内研修）	立案・実施評価
	役割別研修	キャリアディベロップメント研修企画・実施・評価
		師長，副師長，主任研修企画・実施・評価
	ラダー研修と管理	企画・実施・評価
	部署の成果発表会	企画・実施・評価
継続教育	院外研修・学会参加	申請書作成・出張報告書提出
	専門資格取得支援	認定看護師・専門看護師・学会認定等

		事務手続き
		免許／資格取得者の掌握
	ナーシングスキル	研修項目入力・研修受講状況把握
教育・啓蒙活動	看護部公開講座	企画・実施
	早期臨床体験学習／インターンシップ	企画・対応
	一日職場体験学習	ナースプラザ
	職場体験	中高生対応
他施設からの実習	臨地実習　学生受け入れ	公文書に則り，他部署との調整
		研修生対応
リソースナース	教育支援	育成計画
	業務内容の把握　評価	配置・権限管理
		リソースナース会議

　毎年 20 名前後の新卒看護師を採用しているため，「新人教育プログラム」を構築している。しかし時代や環境によって新人の傾向が大きく違うため，プログラムの見直しは毎年必須である。

　また看護部における教育は新人だけではない。進歩し続ける医療・看護に対応し，より良い看護を患者さんに提供していくためには継続的に学んでいかなければならない。当院では経験年数などに応じた「ラダー教育」を構築し，レベルに合わせた研修を実施している。そして本人の適正や希望に沿ってジェネラリスト，スペシャリスト，マネジメントという 3 つのコースを選択できる複線型人事制度を設けている。

　看護師が就職や転職を考える場合にもその施設の教育活動が重要視されることが多い。教育活動を計画，実践することも看護部長の大切な業務である。

　人は財産である。個々が最大限の力を発揮できれば，質が高まり患者満足度が向上し，安定経営につながる。筆者の取り組み業務を一言で表すと「看護職員を育て守ること」と言えるのではないか。

5.5　情報管理

項目	小項目	業務内容
データ管理	DiNQL，QI プロジェクトへの参画	データベース管理・ベンチマーキング
	病院情報システムデータ集計	医療・看護提供体制分析

	実態調査関係	日本看護協会・東京都看護協会
		様式9管理
病院情報システム管理	電子カルテ・部門システム環境管理	システムの運用・評価・改修・メンテナンス
		新規導入の検討
		サイバー攻撃対策
	ピクトグラム・ナースコール環境管理	システムの運用・評価・改修・メンテナンス
	システム権限者管理	権限者の登録・修正

　データ管理は，医療・看護の質改善や現状分析に必須であり看護部長の重要な役割である。当施設では日本看護協会DiNQLと日本病院会QIプロジェクトへ参画しており，データベース管理とベンチマーキングを行っている。

　また情報管理において，昨今の病院へのサイバー攻撃の事象報告を鑑み，当施設ではコンピューターセキュリティーにかかるインシデントに対処するための組織CSIRT（Computer Security Incident Response Team）を発足した。役割分担として，看護部長は「連絡・全体統括」を担う。情報システムのBCP作成や実際の運用を検討しているが，紙カルテを知らない世代が多い中どこまで混乱を避けられるか，不安要素は多い。自然災害と同様，備えは重要であると感じる。

5.6　その他

項目	小項目	業務内容
院内外事業	医療看護の質評価	医療監視・病院機能評価・共同指導
	委託事業への参画	杉並区（教育以外）
	調査・報告書等	診療報酬関係（4月）
		病院機能報告　実態調査
	災害拠点病院	防災訓練・DMAT研修
予算管理	物品・施設改善	予算申請とりまとめ
広報	ホームページ管理	ホームページ企画・更新
	刊行物とりまとめ	病院年報，診療案内

　看護部長就任して間もなく，病院機能評価を受審した。リーダーシップが必要とされ相当の重圧であったが，問題や課題が明確になりとても良い機会と

なった。

　今後も看護部長として看護部の進むべき道をしっかりと示していきたいと考えている。

6．h-MBA での学びについて

　日本看護協会では認定看護管理教育課程があり，管理者として必要な知識が学べる。実践においては，この教育課程の内容が最も役に立つと感じる。

　h-MBA では経営戦略論，マーケティング論，アカウンティング＆ファイナンスをより深く学ぶことができる。看護部長の業務でも病院長や事務部長，医事課長たちと経営戦略を検討する上では，大変に立っている。

　h-MBA で学んで本当に良かったと思えるのは，人脈が広がったことに尽きる。バラエティに富んだ教員の指導はもちろんのこと，同期メンバーから NPV（Net Present Value）を用いたレポート課題や，統計解析ソフト SPSS の使い方を教えてもらい，落ちこぼれを回避できた。先輩には経常利益を出す計算方法やプレゼンテーションに際しての発表スライドの作り方など，丁寧に教えて頂き，たくさんのアドバイスをもらった。さらに，所属施設を見学させて頂く機会もあった。大学院に進学しなければ絶対に出会えなかった方々に会えたことは人生における財産になっている。修士課程修了後もつながりは継続しており困ったときの救世主になってくれる。

　狭い世界にいた筆者がオープンキャンパスで「ビビッ」と感じ，1 歩踏み出したことは，大正解だったと感じている。

（秋山　陽子）

[参考文献]
公益社団法人日本看護協会（2022）「看護の専門性の発揮に資するタスク・シフト / シェアに関するガイドライン及び活用ガイド」日本看護協会。
厚生労働省（2017）「新たな医療の在り方を踏めた医師・看護師等の働き方ビジョン検討会報告書」。
東京都福祉保健局「地域医療構想に関する基本的な考え方」。
日医総研ワーキングペーパー No. 427「地域の医療介護提供体制の現状―市区町村別データ集（地域包括ケア関連）（2018 年度版）」。

第2章
持続可能な地域包括ケア病棟の運営

1．自己紹介

　筆者が国際医療福祉大学大学院医療経営戦略コースに在学していたのは2018年4月から2020年3月である。2013年に国際医療福祉大学看護生涯学習センターの認定看護管理者教育課程サードレベルを受講した際，講師の多くが国際医療福祉大学大学院の教員であり，その中にはレポート作成のため読んでいた書籍の著者がいた。またサードレベルの同期生が研修の終了後にそのまま大学院へ進学し，様子も聴いて興味関心を持ったが，その当時，日々の生活や業務に加えて認定看護管理者の受験準備，認定取得後は活動で余裕はなかった。そのため進学は現実的ではなく必要性も感じなかった。そのような筆者が，フルタイムで勤務しながら，なぜ大学院へ進学しようと行動変容したのか，振り返ってみる。

　1988年鳥取大学医療技術短期大学部看護学科（1999年に医学部保健学科看護学専攻に改組）を卒業し，宮崎医科大学医学部附属病院（現宮崎大学）に就職した。病棟，ICUで4年間勤務し，結婚のため退職して東京都へ転居した。たまたま自宅の近くに建築中の病院があり，毎日工程を見ているうちに看護師を募集していることがわかり，生活も落ち着いたため応募することにした。

　そこは財団法人東京都保健医療公社（2012年公益財団法人，2022年地方独立行政法人東京都立病院機構）の2番目の総合病院で1993年7月に開院し1998年に地域医療支援病院（1997年医療法で制度化）に承認された多摩南部地域病院である。1993年4月に採用され開院準備という貴重な経験を経て2012年まで勤務した。在職中は病棟や看護部に配属され，その間2度の産休・育休を取得した。またキャリアとしては主任から師長になり管理業務を行っ

た。師長になり8年たった頃，すでに認定看護管理者教育課程ファーストレベル，セカンドレベル受講は修了していたが，今後のキャリアについて閉塞感を感じていた。さらに家庭の事情もあり，一旦退職することにした。

　そんな時にかつての上司から「自分が看護部長をしている病院で働いてみないか」と，声をかけていただき，自信はなかったが，決心して，現在の職場である公立福生病院へ再就職した。看護部長からは，科長補佐として病棟の師長をしながら，今まで実施してきた目標管理について他の師長や主任に説明し，看護部内に浸透させることなどの指示があった。これらの役割を通して，改めて看護管理者として学ぶことに意欲を持ち，看護部長へ希望を伝えた。そして2013年認定看護管理者教育課程サードレベルを受講する機会を得た。セカンドレベルまでは東京都看護協会の研修を受けていたが，今回は，できるだけ仕事に支障がないよう金曜日，土曜日中心に受講できる教育機関を選択した。また本大学院の修了者である看護部長の推薦にも後押しされた。約8か月間で研修が修了し，翌2014年に看護部科長へ昇任し，認定看護管理者の資格を取得した。

2．勤務先紹介

　公立福生病院は，昭和20年に昭和飛行機株式会社が職員病院として開設した「福生病院」が前身で，昭和23年に東京都国民健康保険団体連合会に継承され，2001年（平成13年）に福生市，羽村市，瑞穂町の2市1町で構成する福生病院組合に移管され開院した。2020年（令和2年）地方公営企業法全部適用になり福生病院企業団に変わり運営している。病床数316床東京都災害拠点病院で二次救急指定病院である。病院理念は「信頼され親しまれる病院」である。

　2016年4月に当院は，一般床45床を地域包括ケア病棟へ転換し，患者支援センターを設置した。筆者は病棟の師長をしながら，2015年の秋頃から双方の開設準備メンバーとなり並行して進めていた。そして4月開設と同時に患者支援センターへ異動となり，入退院管理室室長の役割を担うことになった。課せられた主な業務内容は，今まで医事課が行っていた予定・緊急入院のベッド

の確保を病床担当者として一元管理すること，入退院支援を構築すること，看護専門外来を推進すること，患者支援センターの他の室長と協力して地域連携を強化すること，開設したばかりの地域包括ケア病棟の運用を軌道に乗せることなどである。

　2016年3月31日の夜，ナースコールやモニターの音が鳴り響き，夜勤の看護師が慌ただしく動いている中，私物をまとめ，1階正面玄関奥に新しく確保された誰もいない患者支援センターに移動した。静寂の中，「明日からどうしよう。何から始めよう。」と電子カルテのパソコンが設置された自分の机にしばらく座っていたことを記憶している。そこから始まった。

　患者支援センターには，入退院管理室の他に，地域医療連携室，医療福祉相談室が設置された。地域医療連携室は，主に前方・後方医療連携，登録医師・歯科医師との連携強化，患者相談，住民向けの講演会等企画運営業務を担当し，看護師と事務職員が配置された。医療福祉相談室は，相談業務の他，退院調整業務を担当し，社会福祉士が配置された。入退院管理室には，筆者に加えてがん専門看護師，訪問看護認定看護師を含む看護師が異動し，看護専門相談や退院支援業務を担当することになった。このように多職種が一部署に配置されたのは院内では初の試みであった。センター長は院長で直接指示命令が下されるが，それに加え看護師は，看護部内の会議や委員会のメンバーでもあり，人事考課の評価者は看護部長が実施するマトリックス組織体制であった（図表

図表 2-1　病院組織図

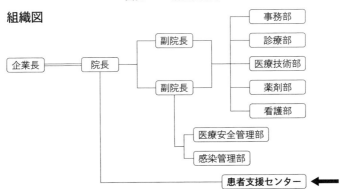

出所：福生病院資料。

図表 2-2　患者支援センター組織図

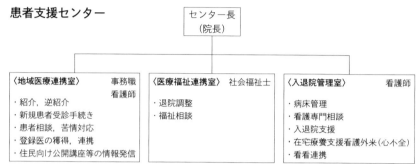

出所：福生病院資料。

2-1, 2-2)。

3．取り組んだ業務

　2016 年は，診療報酬改定があり，退院支援加算の算定取得に向けマニュアルを整備し院内への説明や地域で連携する病院や施設への挨拶廻りを行った。そして幹部の出席する経営調整会議へ毎週出席し入退院管理室業務の実績報告をすることになった。今までは，医事課からレセプト後に公表される前月の実績データから病床稼働率や在院日数を評価していたため，入院基本料 7 対 1 の要件である在院日数 18 日に近い月があっても具体的な対策は後手となっていた。そのため一週間ごとに入院が長期化している患者をリスト化し退院支援担当者が現状を確認することで，具体的な退院支援につなげた。在院日数 60 日越えの患者数は，リスト化開始時 19 人であったが徐々に減少し，今では 1 人から 7 人程度で推移し，在院日数は 12 日前後で安定した。

　総務省は，2015 年（平成 27 年）「新公立病院改革ガイドライン」を示し，新たに全国都道府県で策定される地域医療構想に準じた「新公立病院改革プランの策定」を 2016 年内で策定することを義務づけた。この新公立病院改革プランは，公立病院が地域において必要な医療を安定かつ継続的に提供していくために改革の実施を求めるもので，「経営の効率化」「再編・ネットワーク化」「経営形態の見直し」「地域医療構想を踏まえた役割の明確化」の 4 つの視点

に立ち，病院改革を推進する内容を記載し公表することになっていた。自院の改革を策定する中で，「経営の効率化」の具体的な取り組みとして，「急性期患者の確保と地域包括ケア病棟の活用」「紹介・逆紹介患者数の上昇」「PFM（Patient Flow Management）の実施」を患者支援センターが中心に担当することになった。「紹介・逆紹介数の上昇」は，地域医療連携室が担い，筆者は，「急性期患者の確保と地域包括ケア病棟の活用」と「PFM（Patient Flow Management）の実施」を担当した。

3.1　入院前患者サポート

　PFM は，予定入院患者の身体的・精神的・社会的リスクを入院前に把握し，入院前から問題解決に着手すると同時に合理的に病床管理を行う入退院支援システムで，東海大学医学部付属病院や東京慈恵会医科大学附属病院で運用されており文献等で情報を得た。自院で構築するにあたり企画書を作成し，多摩地域で実施している東京都立多摩総合医療センター，さらにサードレベルの同期生が勤務している長野県の佐久医療センターへ見学に行った。

　佐久医療センターは，2014 年に佐久総合病院から機能分割し高度急性期医療を担う病院として開院している。地域完結型医療への転換が進んでいると認識していた。その当時の情報から多職種が所属する患者サポートセンターの機能や院内におけるスペース等に興味があり見学先として選択した。これらを参考に患者支援センターの看護師，社会福祉士，事務職に加えて，麻酔科医師，手術室看護師，薬剤師，歯科衛生士，理学療法士，管理栄養士をメンバーとするワーキングチームを発足した。抗血栓薬などの中止忘れが入院後に発覚し，手術が延期になる症例が続いていたため，外科系の診療科から開始することで計画した。そして 2017 年 3 月整形外科から開始し，評価，修正しながら段階的に拡大し 2019 年にすべての診療科への導入を完了した。新規導入に際して診療科の医師や病棟，外来看護師，各診療科の医師事務作業補助者へ十分な説明を行うことが必要であった。また対象患者が増えるため対応する看護師の増員や場所，備品などの環境整備なども並行して準備した。経営調整会議で進捗を報告する際，事務部よりコストに対し，どのような収益が期待できるのかを重点的に質問された。当初は診療報酬の算定はなかったため，入院する病棟の

看護師の負担軽減になること，患者情報を入院前に共有することにより，ベッドの位置や褥瘡予防のマットの準備などリスク防止になることや多職種の介入を早期に調整することにより患者が安心して入院生活を送り退院支援もスムーズにできることなどの付加価値について説明したが反応は思わしくなかった。特にスペースの問題は深刻で，事務部からは「カウンターをつい立で仕切ればいいのではないか」と提案されたが，そこは譲れなかった。なぜなら，患者から情報を収集する場所，そして患者によっては外来で医師から病状の説明を受けた後に訪室する場所である。我慢できずに涙する患者もいる。時間をかけて患者の思いを聴きとるには話しやすい環境は必須であり，プライバシーの確保は最も重要であると考えていた。

　見学した佐久医療センターの患者サポートセンター内に面談用の個室が多数ならんでいた構造も印象にあった。会議で説明を繰り返し，面談用の個室 4 か所を確保することができた。定期的に PFM ワーキングチームの会議を開催し実績報告を行った。算定として明らかにできたものは，入院初日からの特別食加算，栄養指導，周術期口腔機能管理等であったが，2018 年度の診療報酬改定でついに「入院時支援加算」が新設された。

　安堵した一方で，取り組みが評価され診療報酬として認められたことには，質の担保に身の引き締まる思いであった。2020 年，2022 年の診療報酬改定で要件はさらに追加されておりその都度調整を図っている。2020 年以降は，コロナ禍になり入院前の健康観察についての説明と確認や入院前 PCR 検査結果の連絡なども担っており，今では入院前からの支援として院内でなくてはならない業務となっている。また状況によっては，入院時支援加算の対象ではない緊急入院患者にも柔軟に対応している。

3.2　地域の看護職を対象とした学習会

　当院は，腹膜透析導入の患者数が多摩地域の中でも多く，そのような状況の中で，腹膜透析患者の退院困難事例が続いていた。受け入れできる療養型病院，介護老人保健施設，訪問看護ステーションが地域に少ないことが原因であった。そのため，地域の医療職向けの腹膜透析学習会を企画した。医師，薬剤師，管理栄養士の講義とバック交換や APD（自動腹膜透析）の機器のセッ

ティング等の技術演習を 2016 年，2017 年続けて年 2 回実施し，受け入れ可能な療養型病院，介護老人保健施設や訪問看護ステーションを拡大することができき退院支援の選択肢を増やすことができた。

3.3　在宅療養支援心不全外来

循環器内科病棟の師長をしていた時に心不全患者の状態が安定し，退院支援として看護師がセルフケア項目について指導していても 4 週間以内に再入院を繰り返す患者が少なくないことが気になっていた。そこで，再入院をして退院した患者が初回外来の際に，医師の診察の前に看護師が面談し，入院中の支援内容が実行できているか，困ったことはないかなど聴き取りをした。不明な点は再度説明を行い，その状況を医師へ報告し診察につなげ，4 週間以内の再入院を防ぐことができた経験があった。

これらのことから企画を提案し，患者支援センターで在宅療養支援看護外来の構築を指示され，医師，循環器内科病棟看護師，外来看護師，患者支援センター看護師と話し合いを進め，心不全患者を対象とした在宅療養支援看護外来を開始した。病棟で実施した退院支援内容を把握し，患者が記入している心不全手帳から体重，血圧，自覚症状の有無，食事や水分摂取量及び残薬からコンプライアンスを評価し医師へ情報提供した。また，セルフケアの維持できるように必要時，在宅療養の調整なども行った。

4 週間以内の再入院は減少し，一定の効果がみられるようになった。2018 年には，自院の看護師から慢性心不全看護認定看護師が誕生し業務を移行した。

3.4　退院支援

患者支援センター開設後まもなく退院支援加算 1 を取得した。1 病棟の退院支援担当者の届け出は看護師または社会福祉士 1 名であるが，退院支援を円滑に進めるため，ペアにして病棟を担当するようにした。お互いの専門性を活かし，協働することが目的である。また病棟看護師の退院支援に関する育成も必要であり，看護部長と相談し，新たに看護部に退院支援委員会を発足した。メンバーは，病棟，外来，患者支援センター入退院管理室の看護師である。退院支援に関するマニュアルの整備や退院前訪問看護指導，退院後訪問看護指導な

どの推進，制度面や意思決定支援に関する学習や退院支援に関連した看護記録
の監査など月１回の委員会で実施している。委員会の活動を通して各所属部署
とのリンクナースの役割を発揮することが委員には求められる。

　入退院管理室には，訪問看護認定看護師が所属しており，入院前訪問看護指
導，退院後訪問看護指導，在宅患者訪問看護指導を病棟患者，外来患者を対象
に体系化した。退院支援担当の看護師を中心に，病棟看護師，社会福祉士，理
学療法士等が必要に応じて同行している。

　筆者は，室長として訪問に使用する自動車，自転車，有料駐車場の使用手続
き，防寒着を含むユニフォームなど環境整備を行った。診療科や医療処置の内
容など訪問看護の理由は年度で違いはあるが，件数は増加し，コロナ禍でも影
響を受けていない。自院には在宅患者訪問診療部門はないため，このような訪
問看護指導は，退院支援として重要な行為であり，入退院管理室の退院支援担
当の看護師が柔軟な対応ができることは，効果的である。社会福祉士や理学療
法士等は同行しても算定はない。それでも患家における環境アセスメントや福
祉業者との調整などを一度にできるという利点があり，実績報告することで組
織の理解は得られている。

４．h-MBA 志望動機

　2016 年４月，当院は地域包括ケア病棟 45 床を開設した。地域包括ケア病棟
の運用について院内外への周知を進め，地域包括ケア病棟へ入棟する患者の
判定のため地域包括ケア病棟運営会議を毎週実施した。判定には患者ごとに
DPC，在院日数，リハビリの介入や重症度，医療・看護必要度，退院先等様々
な項目を参考にした。西多摩地域で初めての地域包括ケア病棟であったことも
あり，病床稼働率は順調に目標値を達成したが，徐々に周囲の病院も地域包括
ケア病棟の開設に至り，病床稼働率が伸び悩んだ。また，自院の一般病床から
の転棟患者が多くを占めていたため，一般病床の稼働率の増減に大きく左右さ
れていた。

　「経営の効率化」として患者支援センターに課せられている『急性期患者の
確保と地域包括ケア病棟の活用』について方策を思案する中，2013 年サード

レベルの講義で学び，その後診療報酬改定の基本的視点で挙がっているワード「地域包括ケアシステムの『構築』や『推進』」が気になった。

　厚生労働省は，「地域包括ケアシステムは団塊の世代が75歳以上となる2025年を目途に重度な要介護状態になっても住み慣れた地域で自分らしい暮らしを人生の最後まで続けることができるよう，住まい・医療・介護・予防・生活支援が一体的に提供されるシステム」と説明しているが，何がどのくらい進んでいるのだろう，まだ何が足りないのだろう，具体的には何を進めることが「構築」となり「推進」となるのだろうと疑問に感じた。

　そして，その「何」は今後，患者支援センターの業務を継続するために重要なことではないか？　今まで漠然と行ってきた業務を今後は根拠に基づいて戦略的に計画できるように必要な知識を修得したいと感じた時に大学院のことを思い出した。

　それから進学を視野に国際医療福祉大学大学院説明会に参加した。そこでケースメソッドを体験した。短い時間であったが，院生のファシリテーションの下に様々な職種，年齢の人たちとケースについてあらゆる視点で意見交換し有意義な体験ができ，もっと知りたいと強く感じた。そして，実践的判断力・問題解決能力，事業計画・経営企画能力を研鑽するプログラムという羽田ゼミを選択し進学した。

　大学院では，我が国の人口動態，医療需要等の将来予測や社会保障制度改革，2040年を展望した医療提供体制のために地域医療構想の実現，医師・医療従事者の働き方改革，医師偏重対策を三位一体で推進すること等知見を深めた。また地域医療連携推進法人や地域包括ケアシステムのモデル事例から各々の実情に合った具体的な取り組みを知り参考になった。その他，財務諸表の分析や様々な経営戦略理論を用いた組織分析を学ぶことができた。そして何よりも影響を受けたのは，年齢，職業や資格も異なる生徒，卒業生そして講師の方々との交流，ある意味異文化コミュニケーションからの学びであり，大変刺激を受けた。それは修了後の今でも続いている。

　研究課題を決めるにあたり，当初は，「地域包括ケアシステム推進のために充足度の指標となる評価項目の策定」または「地域包括ケアシステムの構築ために看護師の訪問看護交換留学計画」のように漠然としたことを考えていた

が，迷った挙句に，稼働率が伸び悩んでいる自院の地域包括ケア病棟の地域包括ケアシステムにおける役割と特殊性等を分析し，課題解決するための戦略を検討することを研究課題とした。

5．持続可能な地域包括ケア病棟の検討

5.1　外部環境分析

　自院がある福生市は，西多摩二次医療圏に属し人口58,384人，西多摩全体の人口は388,455人である。

　2045年までの将来推計人口は，65歳人口が微増しながら全体的に減少傾向で2015年の国勢調査データでは，東京都の高齢化率22.7％に対して福生市は26.8％で都内でも高齢化は進んでいる地域であり，さらに2020年度以降30％に達し，2040年には45％を超えることが予測されていた。また高齢化率が上がる中，65歳以上の単独世帯も増加傾向にある。

　患者数の将来推計では，新生物，循環器系，呼吸器系，消化器系，筋骨格，損傷は増加傾向にある。さらに呼吸器・循環器の詳細をみると悪性腫瘍と虚血性心疾患は微増であるが，肺炎や心不全は特に増加傾向と予測されている。

　人口10万人あたりの病床数では，東京都や全国平均と比べて西多摩は，療

図表 2-3　周辺の2次・3次救急医療機関（西多摩〜北多摩西部）

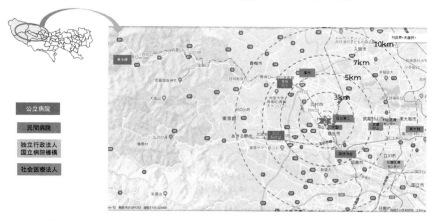

出所：筆者作成（jSTAT MAP 利用）。

養病床と精神病床が多いことがわかった。地域医療構想の西多摩地域での将来
の必要病床は，急性期機能と慢性期機能については過剰で高度急性期機能と回
復期機能の病床が不足していると推計されている。西多摩には急性期機能の病
院は自院の他に 3 つの公立病院と 3 つの民間病院がある。さらに半径 10km 以
内の北多摩西部には 5 つの病院がある（図表 2-3）。

　当院は地域包括ケア病棟入院基本料 2 を算定している。2018 年の診療報酬
改定では，入院基本料 1, 3 に実績評価として，自宅等から入棟した患者の占
める割合が 1 割以上，自宅等からの緊急入院患者の受け入れが 3 月で 3 人以上，
看取りに対する指針等が追加された。

　先にも述べたが当院は 2016 年 4 月，西多摩で初めて地域包括ケア病棟を開
設した。その後周囲の病院も徐々に地域包括ケア病棟を開設している。詳細
は，当院と同様に急性期機能病床から転換したケースと，他には療養期機能病
床から転換したケースがある（図表 2-4）。

　厚生労働省の看取りに関する報告によると死亡者数の将来推計は 2040 年が
ピークで，2015 年と比較すると約年間 36 万人の差が推計されている（図表
2-5）。死亡場所の年次推移では，近年医療機関以外の死亡場所が微増する傾向
にあるが，いぜん医療機関が多いことがわかる（図表 2-6）。今後の多死社会

図表 2-4　西多摩地域の地域包括ケア病棟

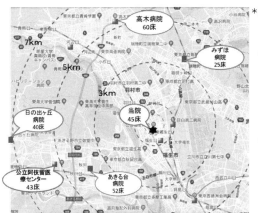

＊急性期機能からの転換：
　　高木病院，公立阿伎留医療センター

慢性期機能からの転換：
　　あきる台病院
　　日の出が丘病院
　　みずほ病院

日の出が丘病院は 2021 年，
みずほ病院は 2022 年開設

出所：病院機能報告，各病院 HP から筆者作成（jSTAT MAP 利用）。

に向け病院完結型から地域完結型の医療へ転換し，住み慣れた地域でできるだけ自分らしい生活が最後まで送れるような医療や介護支援の準備が必要であることがわかる。

図表 2-5　看取りに関わる状況①　死亡数の将来推計

○今後も，年間の死亡数は増加傾向を示すことが予想され，最も年間死亡数の多い 2040 年と 2015 年では約 36 万人 / 年の差が推計されている。

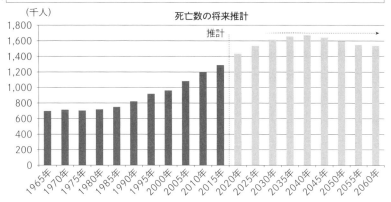

出所：厚生労働省（2017）「看取り　参考資料」。

図表 2-6　看取りに関わる状況③　死亡の場所（年次推移）

○これまで，自宅等における死亡が減少し，医療機関における死亡が増加する傾向にあった。
○近年，医療機関以外の場所における死亡が微増する傾向にある。

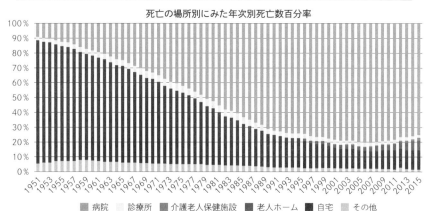

出所：厚生労働省（2017）「看取り　参考資料」。

5.2　内部環境分析

　地域包括ケア病棟は2016年4月に開棟し，2年間は目標値を達成したが，2018年度は目標値を下回った（図表2-7）。

図表 2-7　地域包括ケア病棟実績

年度	2016（平成 28）年度	2017（平成 29）年度	2018（平成 30）年度
病床稼働率／目標値	75.4% / 75.0%	82.6% / 81.0%	76.7% / 81.0%
自宅等からの直接入院割合	2.5%	12.6%	22.3%

病床稼働率と平均在院日数の推移（地域包括ケア病棟）（2016年度〜）

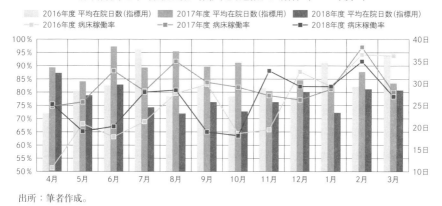

出所：筆者作成。

　地域包括ケア病棟入院基本料1，3は，「自宅等から入棟した患者の占める割合が1割以上，自宅等からの緊急入院患者の受け入れが3月で3人以上，看取りに対する指針等」が算定の要件になっていた。いずれ自院が算定している入院基本料2でも要件になることを見込んで整備を進め，自宅等からの入院患者の占める割合は2016年度実績2.5%から2018年度実績22.3%になった。また，地域包括ケア病棟の損益分岐点分析を行った結果，この時点で，一日当たりの入院患者数が4人増加することで黒字になることがわかった。

5.3　解決策

　入院患者数4人を増やすため，ダイナミック・ケイパビリティ「変化対応的な自己変革能力」（菊澤 2014）の要素である①感知（Sensing）②補足（Seizing）

③変容（Transforming）の3点で自院の地域包括ケア病棟の適応能力を分析した（図表2-8）。

　地域包括ケア病棟の役割であるポストアキュート，サブアキュート，在宅復帰支援の中で，分析から自院の特色を活かし，レスパイトやがん，非がん患者の看取り入院をターゲットとした。また周囲の地域包括ケア病棟とは，変換前の病床によって対応可能な患者に相違があり，そこに差別化が図れると確信した。自院は，医療依存度の高い患者の受け入れができることや退院前後訪問指導を活用し退院支援を円滑に進められること等を強調して広報することにした。

　加えてベッドコントロールの際にLynn（2003）の疾患別予後予測モデル（図表2-9）を参考に疾患の病期を意識して，急性期病棟の入院なのか地域包括ケア病棟の入院なのかを病床管理担当者として医師と相談しながら決定した。地域からの入院受け入れ促進には，ケアマネジャーへ情報を提供し連携を強化することが不可欠であったため，自治体が開催する主任ケアマネジャーの研修講師の依頼を引き受け，地域包括ケア病棟のサブアキュート入院等の説明をし，

図表2-8　ダイナミック・ケイパビリティ

感知 Sensing	脅威	■同医療圏内に地域包括ケア病床が増え独占状態ではなくなった ■選択されるための特色が必要になっている ■疾病や治療の変化により在院日数が短縮傾向である
	機会	■在宅や介護老人保健施設等で状態が悪化した場合の受け入れのニーズがある ■介護者のためのレスパイト入院のニーズがある ■平成30年度診療報酬改定で自宅等からの直接入院に加算がついた ■災害時に医療依存度が高い患者が避難するための受け入れニーズがある
捕捉 Seizing		地域包括ケア病棟において，自宅や介護老人保健施設等からの直接入院を積極的に受け入れる
変容 Transforming	ターゲット	■サブアキュートやレスパイト ■がん・非がんの看取り患者 ■広報先（開業医・ケアマネジャー・地域包括ケアセンター等）
	差別化	■ADLの維持・向上（FIM評価） ■腹膜透析患者の受け入れ（4社対応可能） ■緊急入院対応 ■退院前・退院後訪問実施

出所：筆者作成。

図表 2-9　疾患別予後予測モデル

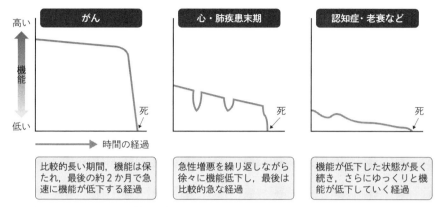

出所：Lynn（2003）を基に筆者作成。

　意見交換を行った。また，通常の業務を通して患者支援センターの社会福祉士，看護師，事務職員の連携がレスパイト入院や看取り患者の円滑な調整につながった。その結果地域からの直接入院患者数が増え，稼働率も増加することができた。

　2022 年の診療報酬改定では，入院基本料 2 においても「自宅等からの入院 2割以上，自宅等からの緊急入院 3 月で 6 人以上，自院からの入棟 6 割未満」等，実績評価で減算要件となった。さらに施設基準として「在宅療養後方支援病院の届出を行い直近 1 年間の受け入れが 3 件以上であること」が新たに追加された。そのため早急な整備を要した。現在急性期病棟は，コロナ病床確保のため縮小している影響もあり，自院からの入棟 6 割未満は厳しい状況で今後の課題であるが，自宅等からの受け入れについては問題なく経過している。地域包括ケアシステムにおいてサブアキュート入院の受入れや在宅療養の後方支援という役割は，在宅医療機関や患者，家族が在宅療養を心構えする場合の安心材料となり，在宅療養を推進する要因といえる。そして在宅療養を継続するためには介護者の支援も欠かすことができないと考える。地域において今後どのような環境の変化があっても持続可能な地域包括ケア病棟が自院に求められ，柔軟に変革しながら運用しなければならない。コロナ禍では，新たにアフターコロナ患者の在宅復帰支援として積極的に院内外から受け入れている。

6．コロナ禍の地域とのネットワーク

　2020 年新型コロナウイルス感染拡大に伴い，東京都の要請でコロナ病床を増やすことになり，その都度一般病床を減らすことになった。当院は中等症 II までの患者を受け入れるため，重症化した場合は，3 次対応の病院へ転院調整する必要があった。また，次々に地域の施設がクラスターになり，高齢者の入院が増加した。高齢者が入院した場合，通常の隔離勧告期間が過ぎても合併症により治療が継続したり，食事摂取ができない，ADL が低下したなど退院困難な状態が続いた。また，退院前の状態に回復しても在宅療養を支援するデイケアやヘルパーの事業所の理解が得られず，PCR 検査の陰性結果を求められたり（当初は退院の条件として PCR 陰性が必要であった）で退院が遅延した。一方で感染者の増加で絶え間なく入院の要請はあるが，空床がなく入院できないというような渋滞のような状態となり，地域の脆弱性を感じた。もはや自院だけでこのような状況に対応するのは限界であり，地域全体で共通認識して立ち向かわないと解決しない，地域の力をつけていく必要がある。このような災害の状態では，自院だけで効率的な病床運用を進めようとしても限界があり，周囲の急性期病院と競合するのではなく限られた資源の中で，それぞれの役割を発揮する協働が必要であり，地域全体で成熟することの重要性を心の底から強く感じた。

　2024 年からの第 8 次医療計画では，6 事業として新興感染症が追加される。今後，どのような状況になっても地域全体で協力して対応できるように最新の情報や知識を共有し普段から情報交換を図ることは重要であり，それを先導するのは地域の中核病院である自院の責務である。コロナ前は地域医療連携室が開催する地域との会議等があったが，集合しての開催は厳しく中断したままとなっていた。そこで地域連携の手段としてネットワークを構築することを考え，企画書にしてセンター長に説明し許可を得た。そして「ふくふくネット」と名称し，福生市・羽村市・瑞穂町の地域包括ケアセンター，療養型病院，介護老人保健施設，通所介護施設，通所リハビリ施設の職員を対象にネットワーク構築のお知らせをした。34 施設が登録し，2021 年 10 月開始に至った。目的

は，①地域包括ケアシステムを推進するために福生市・羽村市・瑞穂町の現状と課題を把握し，医療と福祉に関連した情報の共有を図り，課題解決に取り組む，②コロナ禍で制限された連携を持続可能な方法で構築する，である。開始にあたって留意したのは，永く継続するために参加者をはじめ自院の担当者の負担にならないことである。そのため開催の形式は，感染者数がどのような状況にあってもオンライン会議で第4金曜日，16：30〜17：00の1回30分に設定した。プログラムは，自院企画のワンポイント講座と地域からのコーナーで一方通行にならないようしている（図表2-10）。

地域からのコーナーで得られる情報は，地域包括ケアシステムにおける自

図表 2-10 令和4年度 ふくふくネットスケジュール 一部

	ワンポイント講座	各施設からのコーナー
4月	当院で実施したメンタルヘルス研修の紹介 庶務課	デイサービス羽村とまり木からのお知らせ
5月	Covid-19の情報アップデート 感染管理認定看護師	当院からのお知らせ
6月	治療と仕事の両立支援について 両立支援コーディネーター	オレンジカフェの取り組み 福生市包括支援センター
7月	脱水と水分補給について 管理栄養士	認知症疾患医療センターの取り組みについて 羽村三慶病院
8月	Covid-19のトピックスとワクチン接種 感染管理認定看護師	認知症疾患医療センターの取り組みについて 老人保健施設菜の花
9月	むくみのケアについて 乳がん看護認定看護師	介護老人保健施設あかしあの里からのお知らせ
10月	骨粗鬆症予防〜栄養編・運動編 管理栄養士・理学療法士	当院の受診方法のご案内
11月	糖尿病と感染対策1 感染管理認定看護師	介護老人保健施設ユーアイビラからのお知らせ
12月	糖尿病と感染対策2 糖尿病看護認定看護師	西多摩病院からのお知らせ
1月	Covid-19とインフルエンザ 感染管理認定看護師	瑞穂町役場健康課・高齢者福祉課からのお知らせ
2月	Covid-19の流行前と流行後の退院支援 社会福祉士	見守り事業について 福生市介護福祉課

出所：筆者作成。

助・互助・共助・公助が確実に構築されていることを垣間見ることができる。その中から3事例を紹介したい。

　1事例目は，介護老人保健施設デイケアで利用者を対象に開始した夕食用のお弁当販売である。利用者は，夕食の準備ができない（買い物へ行けない，調理者がいない，治療食が必要である等），民間の宅配サービスより安価である，調理者が治療食の味付けを確認したい等様々な事情で活用している。1か月で約200食の需要があるとのことであった。

　2事例目は，自治体の高齢者の介護予防・生活支援事業である。コロナ禍で計画していた健康体操・転倒予防教室などを中止していた。しかし地域の高齢者は，その間も日常的に施設を利用していたことがわかった。地域のコミュニティは根付いていたのである。このことから，事業計画の評価指標を「通いの場の充実」として施設数の増加，介護予防リーダーの育成や開催の支援をすることに修正したとのことであった。

　3事例目は，自治体の制度の隙間にある住民を対象とした生活支援である。見守り事業を開始し，単身や高齢者世帯の住民に必要と思われるタイミングでサービス支援につなげている。このような地域の情報を毎回興味深く聴き，感心する。地域における自助・互助のもつ潜在力を評価し，一方的に何かするのではなく，出すぎないよう意識的に働きかけを進める工夫が必要であることを学んだ。

7．多職種が配置された患者支援センターの意義

　患者支援センターには，看護師，社会福祉士，事務職が所属している。同じ部屋に多職種が居ることの利便性を紹介したい。例えば，救急外来から緊急入院患者の連絡が病床管理担当者へ入る。患者の状態の他に社会的な問題点（自宅療養中の家族がいるが患者自身しか介護者がいないため困っている）が伝えられる。そうすると，数メートル先のデスクに座っている社会福祉士と地域連携室の看護師へ同時に情報提供し，社会福祉士と看護師はすぐに患者本人と面談し，担当ケアマネジャーと連絡をとり，ショートステイの調整が図れるまで自院の地域包括ケア病棟へレスパイト入院の方向で進めることを医師へ相談す

る。病床管理担当者は，地域包括ケア病棟のベッド確保を行い，その日のうちに患者本人と療養中の家族と同時に入院できる。このようにすぐに行動し地域との調整を含めて円滑に進められるのは，やはり同じ部屋にいて常にお互いの仕事を無意識のうちに観察し，お互いを信頼し価値観の共有ができていることに他ならない。これが別の部署にいて電話のやりとりで進めるとなると，このようにはいかないのである。

8．地域包括ケアシステム推進に向けて

　2023年大学院を修了して丸3年経過した。知識のアップデートとして国際医療福祉大学企画の乃木坂スクールのプログラムは，毎年チェックして受講するようにしている。また大学院生の課題研究発表会は，様々な分野の最新の情報を知る機会にもなっている。羽田ゼミのOB・OG会や同期生との交流も継続し，進化している仲間に刺激を受けている。

　筆者は，2022年10月看護部へ異動した。6年半患者支援センターに所属したことで，看護師でありながら組織の中の看護部を客観的に観ることができた。組織が看護部に求めていること，それを担う看護師を守り，育成することが優先課題である。そして医療をとりまく社会情勢の中で，与えられた役割を通して，今度は看護部から地域包括ケアシステム推進のため，さらに2025年以降も見据えてできることを具現化し，病院および地域へ貢献できることを探究していきたいという所存である。

（松浦　典子）

［参考文献］
猪飼周平（2010）『病院の世紀の理論』有斐閣。
菊澤研宗（2018）『ダイナミック・ケイパビリティの戦略経営論』中央経済社。
厚生労働省（2017）「看取り　参考資料」(https://www.mhlw.go.jp/file/05-Shingikai-12404000-Hokenkyoku-Iryouka/0000156003.pdf)。
厚生労働省（2018，2019，2020）「病床機能報告」。
公立福生病院年報。
笹井肇・筒井孝子他（2012）「地域包括ケアシステム推進のため自治体の保健者機能の評価項目の策定」『保険医療科学』Vol. 61, No. 2。
関根龍一（2013）「全疾患を対象とした，緩和ケアサポートチームの横断的活動」『医学界新聞』。

総務省（2015）国勢調査。

田中豊他（2014）「特集 PFM が導くスムーズな入退院」『看護展望』Vol. 39, No. 11。

田中豊他（2016）「特集急性期病院に PFM が必要な理由」『看護展望』Vol. 41, No. 9。

東京都地域医療構想調整会議資料（令和4年度）。

羽田明浩（2017）『ナースのための MBA』創成社。

武藤正樹（2019）『2040 年医療＆介護のデッドライン』医学通信社。

Lynn, J. et al. (2003), "Living Well at the End of Life: Adapting Health Care to Serious Chronic Illness in Old Age," *Rand Health*, p. 8.（http://www.rand.org/content/dam/rand/pubs/white_papers/2005/WP137.pdf）

第3章
看護組織のマネジメントと業務改善
──看護データを活用した救命救急センターの病床運用の提言──

　この章では，看護組織のマネジメントと教務改善について，筆者の国際医療福祉大学大学院で医療ビジネス経営学（以下 h-MBA）での学びから，看護管理者としての経験を通して，看護データを活用したマネジメントと業務改善についての取り組みを述べる。

　筆者は，公益財団法人筑波メディカルセンター　筑波メディカルセンター病院に，1985 年の新人類といわれた時代に入職した。当時は，PPC（症度別看護）体制をとっていたので，手術室，集中治療室（以下 ICU），セルフケア病棟，中症病棟，小児病棟に勤務後，看護専門学校の専任教員となった。

　その後 2008 年に，看護師長として，7 対 1 入院基本料の一般病棟，小児病棟，救命救急センターの ICU を管理し，2017 年より看護部データ管理と医療機器・材料管理を横断的に担当し，2020 年，看護部門の副看護部長として部門関連データ管理と病床管理・調整の役割を担っている。

1．勤務先紹介

　筆者の勤務する筑波メディカルセンター病院は，1985 年の科学万博つくばを契機として「いつでも，どこでも適切な診療が受けられ，生命の安全と健康の保持増進が図られるために救急医療並びに健康管理体制を整備し，福祉の向上に寄与する」を目的に，1982 年財団法人筑波メディカルセンターが茨城県つくば市（旧谷田部町）に設立され，博覧会開会の 1 か月前の 1985 年 2 月に病院業務が開始した。

　病院業務は，設立当初から救命救急センター 30 床を含む 140 床が，1 次か

ら3次救急までを24時間体制で受け入れ，現在は453床の病床数となっている。

　公益財団法人の事業として，筑波メディカルセンター病院（直営事業），つくば総合健診センター（直営事業），在宅ケア事業（直営事業），茨城県立つくば看護専門学校（運営受託事業），筑波剖検センター（委託事業）という5事業を展開している。法人の理念「多くの人たちの健康保持と増進を図るため，その人たちの価値観を尊重し，プロフェッショナルとして最善を尽くします」のもと，1,421名の職員が（2022年4月1日現在），診療部門，看護部門，診療技術部門，介護・医療支援部門，事務部門の5部門に所属し，多職種でのチーム医療の形態で活動している。看護部門には665名が所属し，病院・健診・在宅・看護学校を対象として年2回のローテーションでキャリア開発・支援をし，部署所属看護師・横断業務看護師が連携し活動している。

　病院の役割は，地域医療支援病院，救命救急センター，茨城県地域がんセンター（地域がん診療連携拠点病院），医師卒後臨床研修病院，災害拠点病院，地域リハビリテーション広域支援センターを担っている。

　2014年には，全職種共通の賃金を含む人事制度を見直し，日本看護協会より「病院で働く看護職の賃金のあり方」の賃金モデル病院として紹介され，キャリアパスのなかで，自分の進むコース選択をしてキャリアアップを目指すことができる。

2．認定看護管理者から h-MBA への進学

　救命救急センターは夜間の緊急入院に合わせて，日勤終了時に空床を確保するベッドコントロールをしている。日中のうちに，治療と全身状態から，医師の指示で救命センター ICU から重症病棟へ移動可能と判断されたな患者を看護ケアの視点を加味して調整することが必要である。

　救命救急センター ICU の病棟管理は，重症度，医療・看護必要度の基準該当者割合が入院料の基準を満たしつつ，効果的に入院料をとる運営をする。すなわち，重症度，医療・看護必要度の基準をもとに滞在基準は明確にしたが，患者の経過と治療状況を第一の優先とするため，A 項目に含まれてはいないが ICU での治療が必要な基準該当に当てはまらない患者の在棟を想定したベッ

ドコントロールをすることが課題となった。

この課題を前に，救命救急センター ICU の看護師長であった筆者は，救命救急センターの病床を有効に使用して収益を増やしながら地域に期待される役割を遂行するためには，ICU を単体で考えるのではなく，救急外来から救命センター，一般病棟の動きを連続体として捉え，10 床の ICU と 20 床の重症病棟を有効に活用し，救命救急センターが満床で救急患者を断ることをしない病院経営に参画したいと考えた。

そのために，トップマネジャーの視点からの経営参画が必要であると考え，認定看護管理者教育課程「サードレベル」への研修へ参加する意思を看護部長に伝えた。2016 年国際医療福祉大学生涯学習センターの認定看護管理者教育課程「サードレベル」を受講することができ，週末 2 日間が研修日となり，政策，財務管理，組織分析など幅広い学びは自分の視野の狭さを感じさせられた。

当院には，師長（課長・科長）以上が出席する月末の病院運営会議で月次決算を報告している。事務部門が報告する結果について，病床利用率，平均在棟日数，入院単価等，部署に関わる数値の認識はできたが，経営には多くの項目と数値が出されており，月次決算報告の結果，今年度の予算案に到達していないという報告に対し，どのように対応していけばよいかという発想ができていなかった。サードレベルの学びで，財務・会計に関して，管理者になってからあまり大きな問題と考えていない自分に気づいたが，科目としては，難解だった。

サードレベルの修了目前に，h-MBA を卒業した認定看護管理者とディスカッションをする機会を得て，地域分析・組織分析の力をつけたい，情報管理をして根拠のある提案をしたい，財務を理解して組織運営の意見が言えるようになりたいと目標が明確になった。

3．h-MBA との出会い

筆者と h-MBA との出会いは，サードレベルの講師に国際医療福祉大学大学院の先生方が多く，講義の中の h-MBA の話で初めて認知した。在学生の取り組んでいる課題研究のテーマなどが講義の中でだされ，そのような視点で考え

ることが不足していたと認識した。

　サードレベルの修了時に，救命救急センター ICU の経営戦略をたて収益を考えながら ICU 病棟を運営するに，ヘルスケア分野に特化した情報・財務・経営戦略・政策を深く学ぶために h-MBA のコースを選択した。

　2017 年，h-MBA に入学となったが，入学の 1 か月前に救命救急センター ICU から看護部データ管理と医療機器・材料管理担当の横断業務となった。重症度，医療・看護必要度データをベッドコントロールに活用できないか検討途中だったが，看護部データ管理業務は，データは得ることができるが，救命救急センターのベッドコントロールの実際に介入できるかが問題だった。

　h-MBA の授業は，病院勤務の他職種，医療機器や材料などを扱う企業，製薬会社，起業を考えている様々な職種がおり，二十数名の同期生とので座学における情報交換，2 学年合同のケースメソッドで他職種とのディスカッションを深めたことは，多角的な視点での経営分析，より実践的な戦略などを学ぶことで，情報・財務・経営戦略・政策の知識不足と看護の考え方の偏りもあることを自覚したとともに新鮮な経験だった。

　看護師だけのディスカッションは，患者さんのためを最優先として看護ケアを提供することで損益が生じることもあり，経営的視点が欠けていることもある。看護管理者も経営をしっかり学ぶ必要があると自覚できたことが h-MBA での大きな学びとなった。

4．看護データを活用した課題研究

　h-MBA における課題研究テーマは，「看護データを活用した救命救急センターの病床運用の提言」とした。

　救命救急センターを有する当院の救急搬送は年々増加し，55% の入院患者が緊急入院である。しかし，病床が確保できない理由で救急搬送を断ることがあるため，原因を明らかにし，救急・重症者の受け入れを強化した体制を構築することを目的に取り組んだ。

　当院はつくば駅を中心として 10km 圏内に大学病院，当院を含む 300～400 床以上の急性期が 3 病院ある。①つくば市内の主要民間病院の年齢階級別退院

患者，②つくば医療圏診断分類によるシェア率と課題を明らかにした。

　課題は，①当院は神経系，呼吸器系，循環器系，外傷系が主体であるが，B
病院が循環器系のシェア率が高くなってきている。緊急性が高い疾患の受け入
れ環境を整える。②呼吸器系は，高齢者率が上昇する周辺の医療圏からの患者
が増えている現状なので，地域との連携を強化する。

　背景は①救命救急センターに入院した患者が，病状が安定した適正時期に，

図表 3-1　急性期の主要民間病院（つくば市内）

年齢階級別退院患者

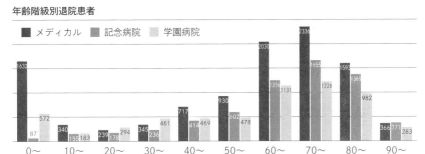

60歳から，70歳の患者の割合が多い。
小児科は小児救急中核病院の役割で集約している。

　出所：DPC データ，各病院のホームページ（平成 29 年度公開データ）に基づき筆者作成。

図表 3-2　つくば医療圏診断分類によるシェア率と課題

・当院は神経系，呼吸器系，循環器系，外傷系が主体であるが，記念 HP が循環器系のシェア
　率が高くなってきているので，緊急性が高い疾患の受け入れ環境を整える。
・呼吸器系は，高齢者率が上昇する周辺の医療圏からの患者が増えている現状なので，地域と
　の連携を強化する。

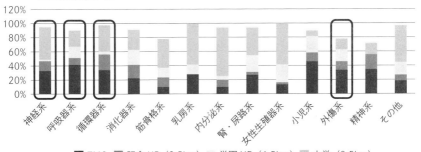

　出所：DPC データ，病院情報局 HP（2017）に基づき筆者作成。

一般病棟に移動できないことがある。②救急搬送は年々増加しているが，平均稼働率85％以下でも，救急搬送の受け入れをできないことがある。③救急搬送の受け入れ不可は，地域との連携に影響をおよぼし，信頼と収益に影響する。2016～2017年度の病院決済は，赤字だった。

　PEST分析，救急搬送の断りの原因分析，ロジックツリーで明らかになったことは，救命救急センターの出口問題があり，一般病棟の①心電図モニター不足，②重症観察室の患者が転床できない，③予定入院患者の病棟の偏りが明らかになった。

　クロスSWOT分析を行い弱み克服戦略から，

①　救命救急センターからの重症度の高い患者を安全にケアができる一般病棟での体制を整備する（人工呼吸器の患者の受け入れなど）。

②　看護の専門が低い，検査・パスの患者の病棟を調整して，病棟指定の救命救急センターの患者の出口調整をする。

　対策は，①モニターを一般病棟の循環器系の病棟にモニターを増設する。②短期予定入院患者の入院病棟を調整する。③一般病棟の，重症度，医療・看護必要度で，救命救急センターからの転入病棟を調整する。

　実際は，①モニターを増設し，「モニターなし」による理由が減少した。②パスで運用する短期滞在手術等の予定入院診療科の病棟の調整をして，救命救急センターからの転入をコントロールした。③重症度，医療・看護必要度のA項目/B項目の変動で，重症度の高い患者の移動病棟を選択する（図表3-1，3-2）。

　結果は，①モニターを配置することで，救命救急センターから一般病棟に移動できない患者が減少した。②一般病棟の予約入院患者の調整ができ，病状に応じた病床の確保ができた。③病床がない理由での救急搬送不可の割合が減少した。

　今後の課題は，①救急搬送を受け入れるためには，救命救急センターから継続した出口調整が必要である。②診療科の病棟分散体制は，予定患者調整をして，救命救急センターの重症者を受け入れる体制整備が必要である。

　救命救急センターの出口調整と継続した病床管理を実施して，救急搬送を受け入れていく体制づくりを強化することが，地域における役割を遂行できる。

図表 3-3　対策③　重症度，医療・看護必要度 I　一般病棟へ転出する患者の病棟選択提案

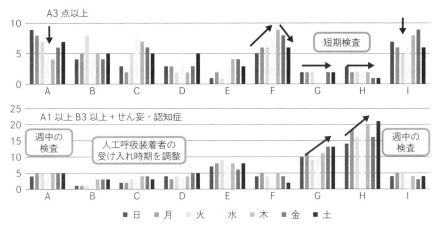

出所：筆者作成。

5．重症度，医療・看護必要度データ管理と体制づくり

　2014 年，重症度，医療・看護必要度の名称変更し，看護必要度・記録委員会の委員長として，施設基準の要件である，院内研修指導者の育成と根拠のある記録の充実に取り組んでいた。また，診療報酬ごとに変更する重症度，医療・看護必要度の院内評価者の育成のための研修を担当し，評価の精度の向上のため，医事入院課を中心に多職種との連携をした。

　2015 年，救命救急センター ICU の看護師長となり，当院の ICU はオープン ICU の為，診療科が継続して診療にあたっている。ICU の入院基本料の重症度該当患者の割合（以下クリア率）70％以上を確保しながら，病床の有効活用が課題だった。治療が順調に進み，クリア条件を満たさなくなる時期に移動計画を立てられるように診療科の調整が必要だった。疾患として，急性期の治療効果を詳細に観察する必要がある場合には，クリア基準を満たさないが在棟する患者を 2 割以内にコントロールできると効果的な活用と考えたが，救命救急センターは思った通りにはコントロールできずに，クリア率 75〜95％で推移した。

図表 3-4 重症度，医療・看護必要度の変遷と当院の取り組み

年度	委員会活動	筆者役割
平成 20 年 (2008 年)	「一般病棟用の重症度・看護必要度基準」が 7 対 1 入院基本料の届出要件	筑波メディカルセンター病院 7：1 病棟看護師長
平成 21 年 (2009 年)	看護必要度検討プロジェクトが看護部の委員会として活動開始 ＊メンバーが院内研修指導者研修を受講	看護必要度・記録委員会所属
平成 23 年 (2011 年)	看護必要度・記録委員会として統合して活動を開始 ＊全部署 1 名の院内研修指導者配置 算定要件として評価の裏づけの看護記録を記載開始 ＊サマリー形式での記録体制とした	小児病棟師長
平成 26 年 (2014 年)	「重症度，医療・看護必要度」への名称変更 ＊評価票：一般病棟用・ICU 用・ハイケア用	平成 25 年 看護必要度・記録委員会委員長
平成 28 年 (2016 年)	「手術等の医学的状況」の視点で C 項目の新設 A 項目 /B 項目の見直し，B 項目が 5 項目で統一 多職種の評価の開始 ＊薬剤師が専門項目の記録と評価開始 評価の精度維持として，病棟で一次監査開始	平成 27 年 救命救急センター ICU 看護師長
平成 29 年 (2017 年)	薬剤師評価から，記録と監査に変更 理学療法士の評価の試行し，リハビリテーションの記録とした一 次監査後に，二次監査を開始 ＊医事課と看護部データ管理担当	横断業務 看護部データ管理担当
平成 30 年 (2018 年)	重症度，医療・看護必要度Ⅰ・Ⅱ ＊Ⅰでのデータ提出を選択 多職種評価の職種の拡大	↓
令和元年 (2019 年)	診療科編成再編成により，重症度，医療・看護必要度Ⅰ（Ⅱへ変更する課題の検討）	↓
令和 2 年 (2020 年)	一般病棟 A 項目の一部と C 項目はレセプトコードの評価 院内研修指導者の要件削除（所定の院外研修が不要） ＊記録委員会の師長のみが指導者研修受講 B 項目の評価方法が 2 段階になった 重症度，医療・看護必要度Ⅱの提出（400 床以上の要件） ＊看護師は A 項目，B 項目の評価，C 項目は医事課 ＊ A 項目の評価結果の比較（看護師評価 vs レセプトコード）	部門関連データ管理担当 病床管理・調整
令和 3 年 (2021 年)	A 項目評価結果比較 2〜3 回／年 ＊ A 項目と B 項目でのクリア率（参考値）	↓
令和 4 年 (2022 年)	ICU と一般病棟の A 項目から心電図モニター削除 輸血など評価点数の見直し レセプトコード評価（ICU の A 項目，一般の A 項目の一部） 救命救急入院料 1：ハイケア用の評価に変更 ＊一般用（A&B 項目），ICU 用（A 項目）の可視化 ＊ハイケア用（A&B 項目）の可視化	↓

出所：筆者作成。

　2016 年の改定では，院内研修を受講した薬剤師と理学療法士の専門領域の評価を取入れ，多職種の評価の成果を可視化し，多職種が実際の評価をするメリットがないと判断し，多職種は記録と監査を継続する取り決めとした。病棟薬剤師が記録と評価をしたが，看護師の評価と差はなく，翌年からは記録と監査の役割とした。

　理学療法士の評価は，B 項目が多く，リハビリテーション実施時には，記録を書くこと，理学療法士は，自立へ向けた支援であり，看護師の評価より自立度が高くなるため，直接的な評価はせずに，患者の意思による活動をしない時などの情報共有と記録する体制とした。

6．部門関連データ管理としての活動

　筆者は，2017 年の看護部データ管理の役割が与えられたが，記録委員会委員長として重症度，医療・看護必要度データに関わり，クリア率が目標値を達成するように，データの変動を確認し，記録委員会で対応を取り組んできた。

　また，診療報酬ごとにある評価項目の変更などでも評価の精度を維持できるように，評価者の教育プログラムに対しての工夫が必要である。看護必要度の精度を担保するため，医事課と連携したシステムを構築し，データ提出における課題が明らかに，院内の監査システムを構築した（図表 3-5）。

　データの精度を担保する監査は，受持ち看護師が評価をし，評価翌日，病棟の全体を把握するリーダーと病棟師長が協働で監査をする。看護必要度の評価の根拠は，観察と記録であるため，評価の視点に違いが出ないようにチェック表を作成して監査を実施していた。しかし，評価項目が増加したため，業務が煩雑化し，記録だけをして力尽き，評価の入力がされない場合があった。保険請求データを活用し，A・C 項目は医事課と連携した監査とし，病棟監査は B 項目を中心とした。病棟医事担当者を含めた相互監査へと変更した。

　病棟医事課は，様々な記録からコストを算定してレセプト電算処理システムコード（以下レセプトコード）登録をする。月末に，看護部門データ管理担当が，入力のもれによるデータの不足，病棟移動に伴う W データの作成，短期滞在手術や一般病棟の 15 歳以下の小児など判別の確認をする。H ファイルを

図表 3-5　2020 年〜重症度，医療・看護必要度のデータの流れ

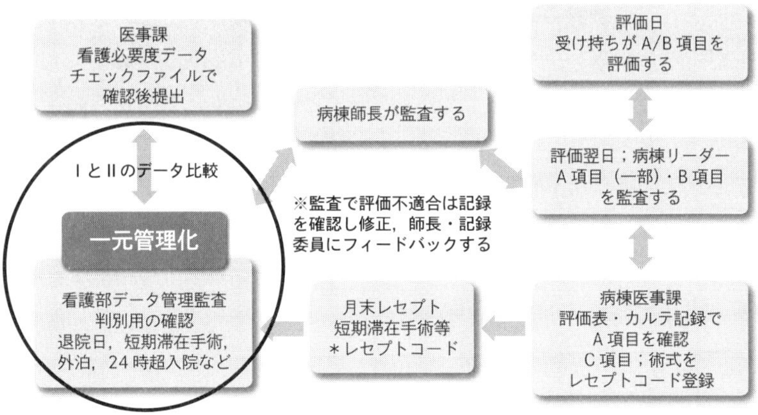

医事課
看護必要度データ
チェックファイルで
確認後提出

病棟師長が監査する

評価日
受け持ちが A/B 項目を
評価する

ⅠとⅡのデータ比較

一元管理化

看護部データ管理監査
判別用の確認
退院日，短期滞在手術，
外泊，24 時超入院など

※監査で評価不適合は記録
を確認し修正，師長・記録
委員にフィードバックする

月末レセプト
短期滞在手術等
＊レセプトコード

評価翌日；病棟リーダー
A 項目（一部）・B 項目
を監査する

病棟医事課
評価表・カルテ記録で
A 項目を確認
C 項目；術式を
レセプトコード登録

出所：筆者作成。

　作成し，医事課の看護必要度担当者にデータを提出後，EF ファイルとともに
提出データの作成に取り組んでいる。データの流れの中において，一元管理を
取り入れることで，評価の精度を担保する体制とした。
　2020 年の診療報酬改定の下記の 7 つの変更点に院内の体制を医事入院課の
担当者と調整した。
【2020 年度改定基本方針Ⅲ-1：医療機能や患者の状態に応じた入院医療の評
価】[1]
　①　一般病棟の A・C 項目の評価項目の見直し（対象となる検査・手術の追
　　　加など）
　②　一般病棟の判定基準の見直し
　③　①・②に伴い「必要度」の判定を求めている入院料の等の施設基準であ
　　　る「必要度の判定基準に該当する患者割合」の見直し
【同基本方針Ⅰ：医療従事者の負担軽減】
　④　B 項目の評価方法の見直し（「患者の状態」と「介助の実施」に分けて
　　　の評価に，根拠となる記録が不要に，など）
　⑤　一般病棟用の A・C 項目の評価方法の見直し（A 項目の一部および C
　　　項目が「コード」による評価に，など）

⑥　院内研修の指導者の要件の削除（所定の院外研修などが不要に）

⑦　許可病棟集400床以上の医療機関での一般病棟用Ⅱの要件化

　レセプトコードを用いる評価結果の提出となったが，看護師がA項目とB項目の評価をする体制は継続した。クリア率29％の基準をやっと満たす当院では，算定が終了した翌月の結果は，クリア率を維持していくことが難しく，指標とする者が必要だったので，推定予測値で現状を把握して調整する体制とした。

　看護必要度チェックファイルソフトも，作成した業者ごとに結果に差が出るため，レセプトデータの差がどの程度かの把握ができない状態だったので，看護必要度ⅠとⅡの乖離状況を確認し，内容を精査した。

　6月にチェックファイルソフトで評価すると29％に届かない月があり，HファイルとEFファイルのA項目の解離についてデータ比較をした。

　心電図モニター，創傷処置などは，条件によって保険請求できないものは，乖離するが，シリンジポンプの管理に乖離があったこと，麻薬・抗がん剤の内

図表3-6　2020年データ提出ⅠとⅡを比較

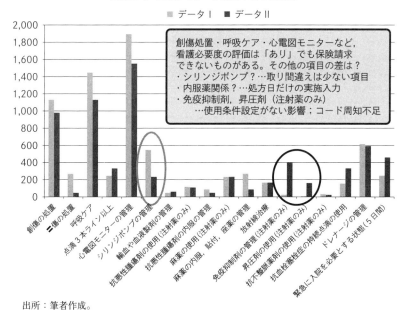

出所：筆者作成。

服が処方日のみの評価であることに注目し関係各所から情報収集し，レセプト算定要件の確認を多職種で検証した（図表3-6）。

　シリンジポンプは，点滴手技料の精密持続点滴注射加算のため，入院中の手技料は500ml以上の点滴管理が必要であることが明らかとなり，診療部が情報提供をし，患者に影響のない点滴につては，500mlの指示をだして，診療部も29％以上の値を維持することを気にかけるようになった。

　麻薬・抗がん剤の内服は，処方日のみが評価されていたので，分散管理が可能であるため，システム上の問題としてベンダーに確認をとりシステム変更をした。原因を明らかにし，対策を取った後は，無事にクリア率29％以上を確保できた。

　ICUでは，滞在基準を明確にして掲示したことで，重症度，医療・看護必要度に対する診療部の関心は今までになく高まった。特に，レセプトコードの評価は，治療における指示の治療の指示の出し方を確認する姿が見受けられた。データⅠとⅡの乖離を定期的に評価し，問題が起これば，多職種で検討する姿勢を対応することとなった。

7．COVID-19の影響によるダウンサイジングのシミュレーション

　2020年2月，COVID-19の第1例目が当院に搬送された。徐々に患者数は増え，重症患者を受け入れることになった。一般病棟をコロナ専用病棟とし，コロナ専用のICU病棟を設置した。

　国民の生活様式が変化し，仕事は在宅，外食はしない，患者の受療行動の変化も見られた。外出が制限されたことで，日常的な感染症が減少し，病床利用率は過去最低となり，70％を下回った。

　稼働率の低下と，地域医療需要の変化に対応するために，ダウンサイジングを想定した「B病棟を運用中止にした際の心電図モニターを最適化した診療科編成のシミュレーションをする」指示を受けた。

　一般病棟は，1号棟に1看護単位，2号棟に3看護単位，3号棟に5看護単位の計9看護単位である。B病棟は1号棟内の病棟で，他の病棟とは離れた場所に配置されている。

　心電図モニターの有無は，緊急入院は55％，定時入院は45％となっている。当院の入院特徴があるため，一般病棟の緊急入院をする患者の心電図モニターの有無は，診療科による病棟の選択と同じように重要なポイントである。また，救命救急センターから病状が安定し，一般病棟に移動する際に心電図モニターの指示の継続は，病床調整の重要点である。

　h-MBAで行った課題研究で，心電図モニターの不足で，状態の安定した患者が救命救急センターから一般病棟に移動できない問題があり，心電図のモニターを増やした経緯があった。一般病棟の心電図モニター不足は，救命センターの出口問題と，がんセンターの術後の患者の心電図モニターの確保とともに，日常的な課題である。

　このことから，B病棟の心電図モニターを効果的に移設して，心電図モニターが必要な診療科を組み合わせた病棟編成をすることが，経営的視点でも最善と判断されたと捉えられる。

　2019年4月1日〜2020年3月31日までの重症度，医療・看護必要度から「心電図モニターの管理」のデータを活用し，医療機器を管理する臨床工学科と協力し，一般病棟9病棟の心電図モニターの使用実績を把握し，現状分析を行っ

図表 3-7　2019年度　モニタ使用数（診療科別）

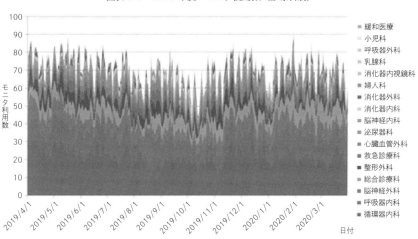

重症度，医療・看護必要度データ A項目；心電図モニタ「あり」

出所：病院内データに基づき筆者作成。

図表 3-8   2019 年度   モニタ使用数（病棟別）

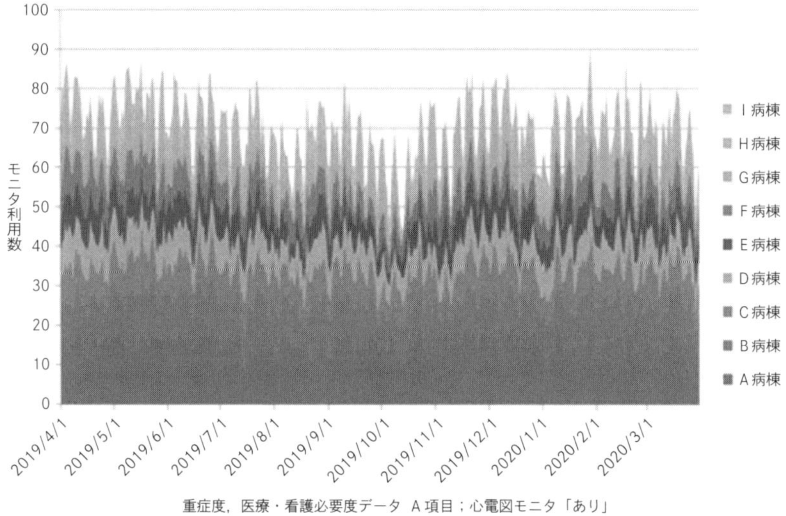

重症度, 医療・看護必要度データ A項目；心電図モニタ「あり」

出所：病院内データに基づき筆者作成。

た。

　心電図モニターは循環器内科, 呼吸器内科, 脳神経外科, 総合診療科の順に
多く使用しており, B病棟は循環器内科と総合診療科が主要な診療科であり,
セントラルモニター 2 台と, 12ch を保有している。セントラルモニターのチャ
ンネル数は 4ch か 8ch であるため, 心電図モニター使用状況から, B病棟の
機能を活かすことが課題となった（図表 3-7, 3-8）。

　がんセンターの 3 病棟 (G, H, I) は, 病棟の構造は 48 病床までが使用可能で,
現在は 36 床で運用していた。I病棟に B病棟の役割を移設して, I病棟の一部
機能のなかで G病棟と H病棟の現行の機能に近い診療科を調整し, 増床する
構成として提案した。

　I病棟が, 心電図モニター 16ch に適応するかの調査結果, アンテナの整備
を実施することになった。I病棟は最上階であり, 当院の近隣には大学病院が
ある。直線距離にして 480m, 過去に心電図モニターの波形をとらえたことが
あったため, 臨床工学士が中心となりチャンネルゾーニングの調整を行ってい
た。また, I病棟は過去にチャンネル増設工事をした経緯があり, チャンネル

図表 3-9 　一般病棟モニター台数

一般病棟モニター台数

病棟	ch
A	16
B	12
C	8
D	8
E	8
F	8
G	8
H	8
I	6
合計	78

編成 →

病棟	ch
A	16
C	8
D	8
E	8
F	8
G	8
H	8
I	16
合計	80

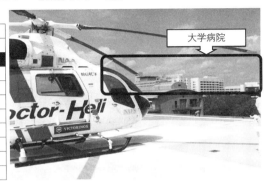

出所：日本臨床看護マネジメント大会第 13 回学術研究大会報告資料。

増設は電波の不安定が起こりうるので，安定した環境での心電図モニターの運用のためアンテナの組みなおし工事をすることになったが，工事予算も想定内で提案することができた。

8．看護必要度データ活用の取り組み

筒井（2020）は，看護必要度のデータ特徴として，看護必要度による情報収集の利点，看護必要度の保有機能，マネジメントへの具体的な活用について述べている[2]。

重症度，医療・看護必要度Ⅱでデータ提出となり，急性期入院料 1 を維持するためには，クリア率を定期的に確認する必要があると判断し，A 項目と B 項目を毎日看護師が評価することを継続することになった。

筆者は，部門関連データ管理として，H ファイル作成に関わっていたが，評価継続の意図を伝えることと，評価を継続することで，看護を実践するうえで何らかのメリットがないかを考え，評価結果を業務配分に活用することと結果の視覚化に取り組んだ。

病床管理・調整は，担当者と各部署の看護師長もしくはリーダーと毎日ベッドコントロール会議を実施している。調整内容は，翌日の定時入院の病床の確保と，日中の緊急入院のベッドコントロールである。

　ベッドコントロール中には，緊急入院などで業務の再構築が難しくなると，ヘルプ要請の連絡を受けることがある。緊急入院は，担当するスタッフの一日の予定を再調整し，その都度発生する緊急入院に関する飛び込み業務にも対応することである。

　病棟管理者は週の予定を予測して，手術の多い日には少し多く勤務者を組み，週末は少なく組み，ある程度の緊急入院を受けることを予測し勤務表を組んでいる。診療科の手術日，検査・治療日はある程度の予測ができるが，患者の病状変化に伴う処置等は当日の発生となることが多く，多重課題が発生する。多重課題が発生した際には，病棟内で補完しあっているが，補完では補えない時にヘルプ要請が発生する。

　ベッドコントロールで得た情報をもとに，入院患者数，勤務者数，前日の重症度，医療・看護必要度のデータ参考に，全体調整をしている。視覚化した図は，前日の看護必要度データと当日の予定勤務者数だけで，当日の入院件数や手術・検査件数を含んだ忙しさまでは表現ができないので今後の課題である。

　2022 年4月診療報酬の改定により，重症度，医療・看護必要度を評価している病棟は何らかの変更に対応することになった。

【2022　評価項目および基準等の見直し】[3]

①　A項目の評価項目の見直し（「心電図モニターの管理」の削除など）

②　評価点数の変更（「輸血や血液製剤の管理」）

③　①・②に伴い「必要度」の評価を求めている入院料等の施設基準である「必要度の判定基準に該当する患者割合」の見直し

④　許可病棟集200床以上の医療機関で，急性期一般入院料届出病棟に「必要度Ⅱ」を要件化

【特定集中治療室用】

⑤　A項目の評価項目の見直し（「心電図モニターの管理」の削除など）

⑥　判定基準からB項目を削除（ただし，毎日の評価は必要）

⑦　⑤・⑥に伴い，判定基準の変更（「A項目3点以上」）

⑧　「コード」を用いた評価（「必要度Ⅱ」）を導入

【評価票の見直し】

⑨　救命救急入院料1および3の評価票をハイケアユニット用に変更

図表 3-10　看護必要度データ

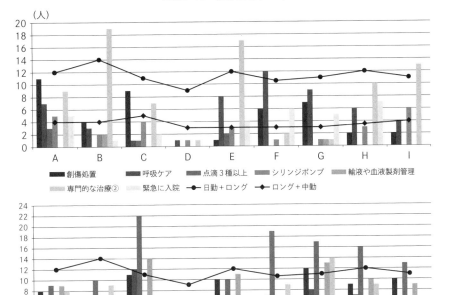

出所：筆者作成。

　一般病棟の A 項目の一部と C 項目にくわえて，ICU の A 項目がレセプト
コードを用いる評価の提出となり，各病棟のクリア率は，救命救急入院料 4 の
ICU は 70％以上，特定集中治療室管理料 4 の ICU は 60％以上，7 対 1 の急性
期入院料 1 の一般病棟は 28％以上のクリア率の基準となった。また，救命救
急入院料 1 はハイケア用の評価票を使用することになった。

　変更が公表された時点で，「心電図モニターの管理」の削除による，シミュ
レーションを実施し，影響の度合いを推測し，クリア率の維持の難しさにより，
看護師の A 項目と B 項目の毎日の評価の継続となった。

　今回の大幅な改定により，チェックファイルでの評価が進まず，事務も当月
の中間と下旬に参考値を提示する体制を整えることができたが，レセプト集計

の問題により，日々の変化には対応できなかった。

　今回の改定は，クリア率に相当する患者がどのくらいの割合で在棟しているかを明確するために，A項目とB項目の日々の変化と評価結果を可視化し，病床管理に活用するとともに，ベッドコントロール会議で表示して自部署の状況を考える場とした。データ提出となってからの看護師評価と提出データの差異を参考にした目標値を設定し，毎日の評価結果を追加した最新推定グラフとした。

　病床管理・調整担当の診療部・看護部・事務部が結果を共有して，関連委員会等で報告し，病院全体で取り組むように働きかけた。

　日々の変化を可視化することで，多職種にも現状把握ができやすくし，リハビリテーション療法科科長，医療福祉相談課課長を巻き込み，各部署担当者が，重症度，医療・看護必要度の基準値を満たさなくなった患者の割合を把握できるようにした。

　宇都（2021）は，看護管理とデータ活用の必要性[4]について，データを適切に組み合わせて活用することが，自部署を運営し組織経営の参画につながると述べている。重症度，医療・看護必要度は，看護師とって入院料の維持にかかわる関心の高いデータだったが，Ⅱでデータ提出に変更になり，正確な結果はタイムリーに確認することができなくなり，関心の度合いも低くなってきている。急性期病院として，地域医療構成で病院機能分化がすすめられている状況下で，急性期病院の役割を理解しつつ，病院経営に参画することは管理者として重要なことである。看護は，日々様々な記録を通して，データを登録しているが，看護管理に活用するのは，過去のデータで活用事例も少ない。

　筆者は，記録委員会として重症度，医療・看護必要度のデータを管理する役割を担い，診療報酬改定ごとに，クリア率を維持するために取り組んできた。h-MBAでは，病床運用にデータを活用する手法を学び，組織マネジメントと業務改善をするためには，データを分析し・活用方法を示すことで，組織は動くことを体感した。現在の役割は，部門関連データ管理として活動し，日々のデータを誰もが簡単に確認でき，情報を共有し看護の質向上に関われるようなデータの可視化を課題として取り組んでいきたい。

　h-MBAでの学びは，自分の核を強化し，現在の目標を作り上げ，知恵と知

図表 3-11　看護必要度クリア率

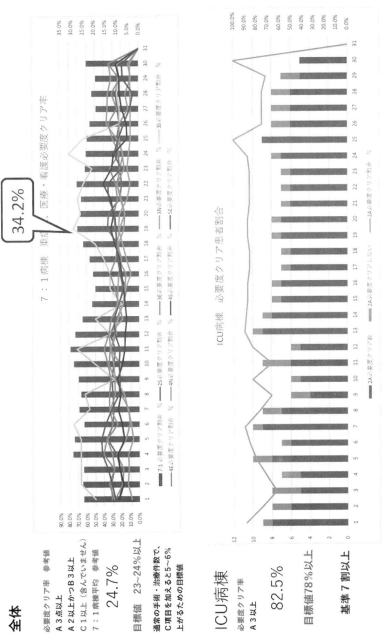

出所：筆者作成。

識を得ることができた。先生方，クラスメイト，学友会の方々との出会いに感謝している。

（平根　ひとみ）

[注]
1　公益財団法人日本看護協会編（2022），4頁。
2　筒井監修（2020）。
3　日本看護協会編（2022），8頁。
4　宇都編著（2021）。

[参考文献]
宇都由美子編著（2021）『データを制する看護管理者は病棟運営を制するヒト・モノ・カネの問題を解決！データ分析・活用入門』MCメディカ出版。
公益財団法人日本看護協会編（2022）『2022年度診療報酬改定対応　重症度,医療・看護必要度解説書』日本看護協会出版社。
筒井孝子監修（2020）「看護必要度　第8版」日本看護協会出版会。

看護師である起業家による事業事例

変化

　「飢えた眼が変化を渇望するのは，まさに飢えた胃袋が食物を求めると同様に，必死なものであり，いずれのばあいもその渇望は飢えたひとを動かして，どんなことをしてでも満足を手に入れようとさせるものだ，ということである」（Nightingale 1860，邦訳，第 5 章「変化」より）。

　第 2 部は，下記の看護師である 3 人の起業家による起業事例を紹介する。

　第 4 章は，医療インバウンド事業をコーディネートするマイケアライト株式会社を経営する白川忍氏による，日中の医療の架け橋としての医療インバウンド事業の起業についてである。

　第 5 章は，デジタルヘルス事業の行うクロスメッド株式会社の経営に関わる嵩下喜久乃氏による，看護管理の定義へのこだわりと経験に基づく新規ビジネスの展開についてである。

　第 6 章は，訪問看護ステーションと居宅介護支援事業所を運営する株式会社ステラの経営者である三橋馨氏による，訪問看護ステーションの運営についてである。

　3 人の看護師である起業家は，大学院修士課程の課題研究で経営に関わる企業のビジネスプラン等をテーマに研究に取り組んでいる。彼女らは，看護師の経験と併せて起業の動機他を述べており，今後起業を目指す方にとって多くのことが学べるものと思われる。

第4章
夢見た日中の医療の架け橋としての
医療インバウンド事業の起業

1. 自己紹介

　筆者は日本と中国にルーツをもつ家系に育ち，幼いころから数年に一度，中国にいる祖父母を訪れていた。筆者自身は日本で生まれ，学校はもとより家庭でも日本語を使って育った。両親は家庭内では中国語で会話をすることが多かったので，私も簡単な日常会話と単語をそれなりに聞き取れていた。しかし，「話す」ということはできなかった。

　「一生続けられる仕事」と両親から看護師になることを勧められ看護師免許を取得した。定時制の看護学校であったので，日中は医療機関で働きながら夜間学校に通った。

　卒業後には，以前から住んでみたかった中国へ留学した。私にとっての中国とは「人はみんな優しくて自由でスリル満点な国」というイメージだった。留学先は祖父母のいる湖北省の武漢市を選んだ。

　到着してからの3か月間，中国語を集中的に学び，その後，一念発起し猛勉強をして中国の医学部へ進学した。

　目まぐるしく発展する中国の経済に魅力を感じ，経済の勉強をしたいとも考えていたが，一生懸命学んだ医学の知識を活用したいと思い，医学部へ進んだ。

　中国の医学部は5年制であり，4年目，5年目が院内実習の期間であった。大学附属の医療機関で様々な臨床科を回り，日本の医療機関とまったくちがう考え方やシステムに驚くことが多かった，また，日本よりも家族・親戚とのつながりの強さや，患者さんへの説明のストレートさ，受診するシステムの簡易さなど，日本にはない考え方が勉強になるとも感じた。

　大学時代は当時中国の学校でも留学生の部類に入るマカオ，台湾，香港の学生たちと過ごすことが多く，多文化な環境で素晴らしい日々を過ごすことができた。

　卒業後の進路について考えたところ，やはりビジネス的なことに関わってみたいと思い，上海にある日系企業へ就職した。中国在住の日本人が病気やけがをしたとき現場にかけつけ，入院の手配や支払い代行の手配対応，病気や怪我の患者に付添い，飛行機で日本の病院まで搬送する仕事などであった。

　2010年ころになると，日本の医療インバウンド事業が開始されるとのことで，日本へ生活の拠点を移した。

　そのころは経済産業省主導で「日本の素晴らしい医療を海外の方へ知ってもらおう」という動きが始まったときであり，海外からの患者を日本で受け入れるため，医療通訳の育成が必要となり，東京外国語大学で開催された医療通訳講座の中国語講師を担当した。また，日本で治療したいという渡航希望の中国人患者を医療機関と協力してサポートする仕事や，日本の病院の海外進出のお手伝いなどを経験した。日本が医療滞在ビザを発行した第一号患者の医療通訳担当も行った。

　2016年からは大変ありがたいことに，国際医療福祉大学大学院にて医療通訳・国際医療マネジメント分野　中国語コースの非常勤講師にお声がけいただき，現在も引き続き講座を担当させていただいている。

　仕事と医療通訳講座講師など，日中の架け橋として活動しているうちに，もっと身軽に，もっと理想に近づくように自分の知識を深めたいと強く思った。そんなとき，勤務していた国際医療福祉大学大学院のパンフレットにヘルスケアMBA（医療経営学修士）というコースを目にした。

　このコースこそ，今まで自分が探し求めていた医療とビジネスが合わさるとどうなるのか，ずっと知りたかったいろいろなことが理解できるようになるのではないか，自分が今後進みたい世界を見せてくれるに違いない！と思い，入学を決意した。

　入学後のクラスメートや先輩には，医療業界や製薬業界の幹部の方，医師，看護師，薬剤師，診療放射線技師，理学療法士などの各職種の管理部門の方々がいて，医療経営に詳しい先生や学友たちに助けられながら，知識の幅が広

がっていった。病院経営や会社経営という内容を学んでいき，ある程度将来の見通しがついたところで，会社を辞めて自分の道を開こうと決心ができた。

　在学中に知見が広がったことで，現在自分の道を切り開くことに大きくつながったのだと思う。

　在学中に中国国内で法人を立ち上げ，その後日本国内にマイケアライト株式会社を設立した。

　会社の業務内容は主に海外から日本の病院に受診希望の方をコーディネートする仕事であるが，それ以外にも医療通訳，医療翻訳，海外へ進出したい医療機関のお手伝いなども行っている。この仕事では国際医療ファシリテーターとして，院内の各部門の方々とスムーズにやりとりするため，医療者の考えや動きをすぐに察知し，同じ視点で物事を理解することが前提であり，私が日本で看護師としての知識や経験があったことが大いに役立っている。

　さらに，中国留学を通して中国の方々の生活習慣や医療に対しての考えを理解できるということもあり，日本の臨床現場で医療者の方々が感じる，中国人患者さんとの考え方の違いなどが理解できる。お互いが求めていることをうまくつなげるために，私がこれまで経験してきたすべての知識や技術が，とても活きていると感じている。

　この仕事をしていて患者さんの心から笑顔になっている姿を見ることや，日本の医療者側にも「文化の違う患者さんとスムーズに関われてよかった」と思っていただけることが，一番幸せを感じる。

　次項からは大学院に入ってから医療インバウンドについて研究した内容を記載する。

2．はじめに

　医療滞在ビザで日本を訪れる外国人は2011年に70名であったのが，2019年には1,653名と急増した。その背景には2010年6月18日に閣議決定された国家戦略プロジェクトがある。2010年より安倍政権成長戦略の1つとして医療の国際化により日本の医療を海外に輸出するアウトバウンド，海外からの医療目的の渡航者を増やすインバウンドなどがあった。

図表 4-1　日本国ビザ（査証）発給統計

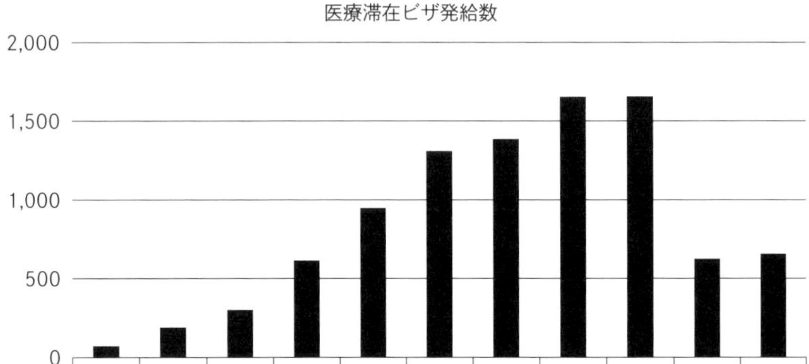

医療滞在ビザ発給数

	2011	2012	2013	2014	2015	2016	2017	2018	2019	2020	2021
■ 合計	70	188	299	611	946	1,307	1,383	1,650	1,653	622	653

出所：ビザ（査証）発給統計：e-Stat 政府統計の総合窓口，より筆者作成。

　健康大国戦略医療の国際化推進「国際医療交流（外国人患者の受入れ）」では，2020 年までに日本の高度医療及び健診に対するアジアトップ水準の評価・地位の獲得を目標にしている。

　日本で医療を受ける目的の渡航者（以下医療インバウンド外国人）は日本の医療滞在ビザを取得し，日本の医療機関に受診することができる。医療インバウンド外国人は日本の医療システムや日本語に通じていないため，医療通訳者や渡航支援企業による支援が必須である。

　医療滞在ビザとは，日本において治療等を受けることを目的として訪日する外国人患者等（人間ドックの受診者等を含む）及び同伴者に対し発給されるものであり，その受入分野は日本の医療機関の指示によるすべての行為（人間ドック，健康診断，検診，歯科治療，療養（90 日以内の温泉湯治等を含む）等を含む）と幅広い。

　医療滞在ビザの申請にあたっては，身元保証機関の身元保証を受ける必要があり，身元保証機関の登録審査は経済産業省と国土交通省観光庁の2つがある。

　身元保証機関の主な業務内容は以下のとおりである。

(1)　本邦滞在中，日本国法令を遵守させること。

> (2)　関係省庁から要請のあった場合，又は問題が発生した場合，本邦における在留状況その他の事項を身元保証機関が旅行会社である場合は観光庁，国際医療交流コーディネーター等である場合は経済産業省（以下「関係省庁」という）に遅滞なく報告すること。
> (3)　外国人患者等の治療費について，あらかじめ外国人患者等と医療機関との間を十分に調整すること。

出所：医療滞在ビザ取扱概要：医療滞在ビザに係る身元保証機関の登録基準より一部抜粋。

外務省のインターネットサイトから外国人が閲覧する身元保証機関リストで経済産業省に登録されているのは 157 社，観光庁に登録されているのは 64 社の合計 221 社である（2023 年 2 月現在）。

多くの企業は日本語，英語，中国語の対応窓口を設けている。医療滞在ビザが発給されている最大の国は隣国中国であり，おおよそ全体の 89%（2017 年）を占めている。そのため多くの会社は中国人富裕層をターゲットにしている。

3．中国の医療事情

中国国内の医療事情はどのようになっているのか，中国の医療保険などを踏まえて調査した。

中国の基本情報

10 年に 1 度の実態調査をもとに毎年の抽出調査を行い，総人口を推定しており，現在おおよそ 14 億人である。

2021 年まで人口は増加の一途をたどっていたが，2022 年の出生数が減少し全人口が減少したといわれた。年齢別人口では 2021 年の時点で 65 歳以上の人口がおおよそ 2 億人となり人口全体の約 14% を占めている。中国は都市部と農村部に分かれて死亡原因の調査をしており，都市部農村部，男女ともに悪性腫瘍，心疾患，脳血管疾患が上位 3 位を占めている。

図表 4-2　中国年齢別人口割合

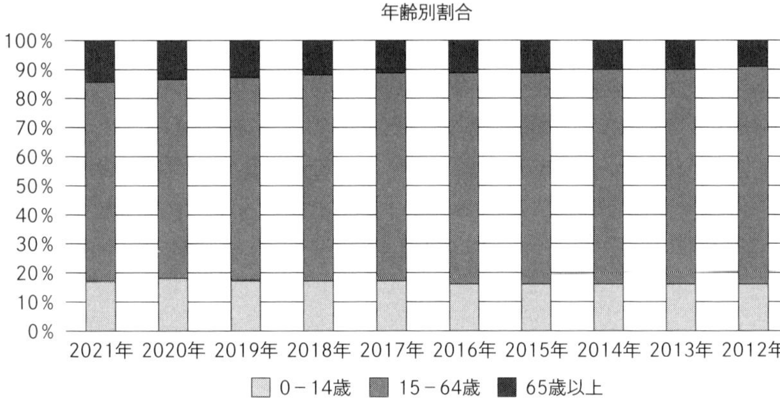

年齢別割合

出所：中国国家統計局より筆者編集。

4．中国医療機関の分類

　中国の医療機関は病床数により一級から三級に分けられる。100 床以下が一級病院，101 床から 499 床は二級病院，500 床以上が三級病院となり，さらに，二級，三級の医療機関は甲乙丙というランクに分かれる。

表 4-3　中国医療機関の分類

レベル	三級	二級	一級
病床数	500 床以上	101 床以上 500 床未満	100 床以下
分類	特・甲・乙・丙	甲・乙・丙	なし
役割	複数の地域に高レベルな専門性のある総合医療を提供	複数の地域に総合医療を提供	1地域に予防, 医療, 保健, リハビリ等のサービスを提供
設備	大学など高度教育機関, 研究機関を兼ねる	一定数の研究室を保持	診療施設, 衛生サービスセンターなど
備考	病院の公益性, 医療サービス, 患者の安全, 医療の質と安全管理, 看護管理, 病院管理などの6項目から評価を行い, 1000 点中 900 点以上甲, 750～900 点未満は乙, 600～750 点未満は丙というようにランク分けされる。		

出所：中国国家衛生部「総合医院分級管理標準（試行草案）」より筆者編集。

　「病院の公益性，医療サービス，患者の安全，医療の質と安全管理，看護管理，病院管理」などの 6 項目から評価を行い，1000 点中 900 点以上は甲，750 以上～900 点未満は乙，600～750 点未満は丙というようにランク分けされる。設備面や機能面から総合的に見ると，中国では三級甲の医療機関が一番良い医療機関と言われている。

　医療サービスの価格について，中国では一級から三級の医療機関のレベルにより，医療サービスの価格が異なる。わかりやすいように日本円に換算して説明すると，例えば三級医療機関の受付価格は30 円，二級医療機関は 16 円，一級医療機関では 10 円というように価格がレベルにより分かれている。

　診療を受けたい医師のレベルによっても価格が変更される。例えば一般医師の診療費は三級医療機関では 60 円，二級医療機関では 40 円，一級医療機関では 10 円になるが，一般医師よりさらに上級の主任医師の診療費は，三級医療機関では 400 円，二級医療機関では 320 円，一級医療機関では 240 円となり，約 7 倍から 24 倍と価格が上がる。

　治療に関わる手技についても医療機関のレベルにより価格が分かれる。

　例えば吸入をする場合，1 回の吸入では三級医療機関では 120 円，二級医療機

図表 4-4　中国医療サービス項目費用 1

項目名	項目内容	除外内容	単位	三級	二級	一級
(一)一般医療サービス						
1. 受付費用						
受付費用	外来、救急外来およびその他の患者に提供する待合室、施設設備、カルテ保管袋、明細書、診断書、栄養状況評価、児童栄養評価、栄養指導を含む	コンピューター受付サービス、初診カルテ作成、病歴手帳	回	30	16	10
2. 診察費*						
一般医師診察費			回	60	40	10
主任医師診察費			回	400	320	240
副主任医師診察費			回	260	200	100
高度専門家診察費	国務院政府の選定された専門家による診療サービス		回	公立医療機関自由設定		

出所：武漢市医療保障局：公立医療機関サービス項目価格より筆者編集。

図表4-5　中国医療サービス項目費用2

項目名	項目内容	除外内容	単位	三級	二級	一級
7. ネブライザー吸入						
ネブライザー吸入	超音波，高圧ポンプ，メッシュ型，蒸気型での吸入および呼吸器を通しての吸入与薬	薬とディスポーザブル器材	回	120	100	80
		胃腸減圧器				
8. 経管栄養						
鼻腔カテーテル留置	胃腸栄養法	薬とディスポーザブルマーゲンチューブ，胃腸栄養袋	回	220	180	160
腸内高カロリー治療	腹部カテーテルによる胃腸経管栄養治療，腸管栄養セットを含む。経口接種が不可能な患者に限る	栄養ポンプ	回	600	500	400
10. 胃洗浄						
胃洗浄	胃カテーテル挿入および洗浄	ディスポ胃カテーテル	回	60	50	45

出所：武漢市医療保障局：効率医療機関サービス項目価格より筆者編集。

関では100円，一級医療機関では80円と計算される。しかし，その金額には薬剤費用とディスポーザブルの器材費用は含まれていないため，別途計算となる。

　薬剤費用や器材については，中国政府が認定した一覧表のリストがある。

　リストは甲リスト，乙リスト，丙リストの3種類があり，甲リストに掲載している内容はすべて保険適応となり，乙リストは一部自己負担額があり，丙リストは全額自費となる。

5．中国の医療保険

　中国政府の政策により中国国民が加入可能な保険は3種類ある。会社に勤めている場合に強制加入となる都市労働者基本医療保険，2020年時点で約3.4億人が加入している。次に，任意加入の保険である都市住民基本医療保険である。これは学生なども加入しており，約10.2億人が加入している。最後に農村地域に住む方々が加入できる新型農村合作保険である。

　以前まで都市住民基本医療保険は都市部に戸籍を持つ場合しか加入できなかったが，現在は農村戸籍の方も加入可能となっている。政府は新型農村合作保険と都市住民基本医療保険を統一しようとしており，2021年から5年間が移行期間

図表 4-6　中国医療保険の分類

保険名	都市労働者基本医療	都市住民基本医療	新型農村合作保険
加入者数	約 3.4 億人	約 10.2 億人	詳細不明
加入方法	強制加入	任意加入	任意加入
備考	2020 年時点の合計加入者数，約 13 億 6131 万人。中国全人口の 95％以上の加入率を保っている。		

出所：中国人民共和国改革と発展委員会，医療保険加入者数より筆者編集。

と考えている。

　この 3 つの医療保険加入者合計数は中国全人口の 95％の加入率となっている。医療保険の自己負担率は，日本のように一律 3 割自己負担などではなく，やや複雑である。加入している保険の種類によって自己負担率は変わる。

　医療保険の内容は毎年変更があり，都市によって内容は変わる。例として2022 年の湖北省武漢市の医療保険がどのように適応されるのか見てみよう。

　どちらの保険ともにまず免責金額が設定されている。病院に受診する場合，選ぶ医療機関のレベルにより 4000 円から 1 万 6000 円までと免責金額が変わるため，良い病院を選ぶほど，免責金額も上がる。

　入院の場合どのくらい保険が負担してくれるのかを見てみよう。都市労働者基本医療保険の場合，一級医療機関の保険負担率は 92％，三級医療機関の保険負担率は 86％となる。都市住民基本医療保険の場合も，一級病院の保険負

図表 4-7　中国湖北省武漢市 2022 年医療保険（1 元≒20 円）

基本医療	都市労働者基本医療			都市住民基本医療					
医療等級	入院			外来			入院		
	免責金額	保険負担率	年度限度額	免責金額	保険負担率	年度限度額	免責金額	保険負担率	年度限度額
社区衛生サービスセンター	4,000 円	92％	480 万円	0	50％	8,000 円	4,000 円	90％	300 万円
一級	8,000 円	92％					4,000 円	90％	
二級	12,000 円	89％		4,000 円			8,000 円	70％	
三級	16,000 円	86％					16,000 円	60％	
備考	1. 乙類医薬品，診療項目については 10％自己負担となり，残りは保険負担率によって変更する。2. 悪性新生物，透析などの高額医療費は上記と基準が変わる。								

出所：武漢市医療保障局より筆者編集。

担率は90％，三級病院の保険負担率は60％である。良い病院を選べばそれなりに自己負担の金額が増える設定となっている。また，年間の保険支払い限度額の設定もあり，都市労働者基本医療保険は年間480万円まで，都市住民基本医療保険は年間300万円までとなっている。

　中国の医療保険の適応範囲は加入保険の種類，受診医療機関のレベル，受診する医療機関が保険支払いの都市と同じかどうか，外来か入院か，使用する薬剤・器材の種類の内容などにより自己負担額はすべて変化する。

　例えば，武漢市在住の会社勤めでない方が，三級医療機関へ入院した場合，16,000円までは全額自己負担となり，超えた料金から保険適応となる。

　しかし，保険での支払い上限金額は300万円までとなり，超えた分は自費となる。

　もし，武漢市の保険を支払う人が，転院などで他地域の医療を受ける場合は，事前申請を行い，他地域の医療機関へ受診をする手続きを行い保険適応となるが，間に合わない場合は一旦全額自己負担となる。

6．中国医療機関の受診ステップ

6.1　外来の場合

　受付でA4ノートのようなカルテと診察を受けたい希望の医師の診察チケットを購入し受診に進む。受診した際に医師から検査の指示が出たら，まず検

図表4-8　中国医療機関外来受診ステップ

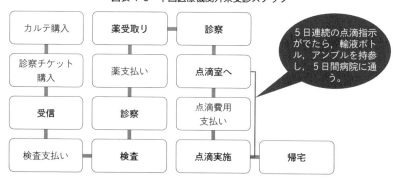

出所：筆者の体験をもとに作成。

査費用を先に窓口で支払う。支払いが終わったら支払い済み証明書を持ち，検査を受けに行き，検査終了後，再度医師の説明を受ける。医師から薬の指示があったら処方箋をもらい，まず薬剤費用の支払いを窓口で行う。支払い終了後に薬をうけとり，再度診察室にいる医師へ内服方法の確認に行く。

　もし点滴の指示が 5 日分出された場合は，先に 5 日分の点滴の薬剤を購入する。点滴実施費用の支払いも行い，点滴専門室で点滴を受けて帰宅となる。翌日以降は自宅から薬剤セットを持ち病院に点滴を受けに行く。

　このように，すべての費用は事前に支払い，診療を進めていく形となる。

6.2　入院手続きのステップ

　入院が決定した場合，外来にて医師が入院証に病名を記載し発行する。発行された入院証を受取り，最初に会計窓口へデポジットの支払いに向かう。入院証に記載された病名によりデポジット金額は決められており，医療保険が使用できる場合は，医療保険の手続きを行いながら，決められた一定額の入金で終わるが，すぐに医療保険の適応ができない場合は一旦全額自己負担となる。

　例えば，大動脈解離という診断名が記載された場合，病院で決められた金額は 220 万円のため 220 万円のデポジットを支払わなければならない。支払い終了後は支払い済み証明書と入院証明書を持ち，入院予定の病棟へ行き，病棟の受付で証明書を見せると無事に入室できることとなる。無事に入院手続きが終了したのちは，順次検査，手術と治療が受けられる。

図表 4-9　入院手続きのステップ

入院証発行	・医師が病名を記載し患者に渡す。
会計窓口	・病名により支払い金額が決まる。 ・その金額の**前金を支払う**。（例：大動脈解離約 220 万円）
病棟へ移動	・支払証明書，入院証明書をもっていく。
検査，手術	・MRI 約 8 万円，血液生化学約 6 千円，入院管理費約 8 百円等の料金が引かれる。 ・一定の**残金がないと検査オーダーができない**。
会計窓口	・追加料金を支払う。

出所：筆者の体験をもとに作成。

　中国の病院に設置されている会計管理システムには先に入金した220万円が確認されており，そこから検査などのオーダーを出すたびに金額がひかれていく。例えばMRI検査8万円，血液生化学検査6千円など医師がオーダーを入力するたびに金額も一緒に査定されていく。そして，一定の残高がないと，次の検査オーダーができなくなるシステムのため，金額が少なくなると診療が途切れてしまう。デポジット残高が少なくなった場合は，追加入金の依頼書が病院から発行されるので追加の入金を行う必要がある。

7．日本と中国の医療の違い

　上記で述べた日中の主な違いを以下にまとめる。
・診療は基本にすべて前払い制である。
・外来カルテ，検査結果，撮影した画像フィルム，検査報告書等はすべて持ち帰り自己管理となる。入院カルテは退院後コピーが可能となり，ほぼすべての患者がコピーを自宅で保管する。
・医師から退院時に退院サマリーが手渡される。
・医師は紹介状を書くことはない。転院時などは患者自身がすべての医療情報をもって受診しに行く。
・清拭，トイレ介助，食事介助など，身動きの取れない患者には家族又は付添人の雇用が必要。ただしICUやHCUなど病院が入室を制限している区域では看護師または看護助手の介助が受けられる。
・多くの病院では院内に治療食の提供はなく，売店又は出前での注文や患者家族がお弁当を届けている。冷たいものを病人が摂取することは体に良くないと考えているため，ほとんどの患者には家族が温かいものを準備している。

　紹介した内容は一般的な公立病院の仕組みである。中国には私立病院や公立のVIP病棟，外資系医療機関なども多くある。
　外資系医療機関は沿岸部の都市に多く，シンガポール系，アメリカ系，ヨーロッパ系，日系などがあり，外国人の利用が多い。日系の医療機関などは，診

療方法は日本と同じで後払い制が多く，サービスや設備も日本と同レベルで提供される場合が多い。また三級医療機関の VIP 病棟などは，退役軍人や政府高官向けの外来・入院施設として利用される。これらの医療機関では中国の医療保険の適応はなく，ほぼ全額自費診療がメインとなる。

　日本での治療を選ぶ中国人の場合，公的医療機関，医療保険のシステムだけでは満足しておらず，さらに上位のサービス，より質の良い診療を求めており，中国国内の VIP 向けの自費診療と日本の自費診療を比較した場合，価格にあまり差がないのであれば，環境の良い日本での治療を選ぶことも考えられる。

8．渡航支援企業の役割

　渡航支援企業の役割は医療滞在ビザを発行するだけではなく，きめ細やかなサポートが求められる。日本に存在する渡航支援企業が中国国内で直接集客を行うことは少なく，多くの会社が中国に本社を持つか，または中国の企業と提携し顧客を獲得している。

図表 4-10　渡航支援企業業務構成図

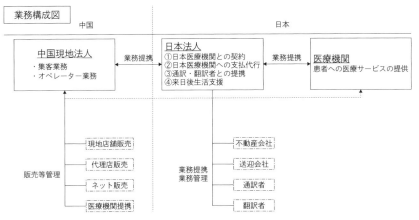

出所：筆者作成。

9．中国人が日本で受ける医療サービスの種類

　中国から日本へ来て医療を受けるといっても様々なものがある。

　第1に人間ドックの受診が一番多く挙げられる。人間ドックの場合は多くが1日で終わるものが多く，受診者も健康な方が多いため，サポートする側の渡航支援企業に比較的専門知識を必要としないからである。事前に患者の希望する受診日，検査項目，既往歴を確認し，事前の検査説明や注意事項を行い，検査当日の通訳手配，検査終了後の結果内容の翻訳，送付などを行うことで医療にあまり詳しくない企業でも実施している場合が多い。

　人間ドックは旅行の一環としてツアーに組み入れられている場合や，自由旅行のオプションとして選択できるパターンなどがあり，旅行会社と健診センターとの提携も多くみられる。

　健診以外ではアンチエイジング医療と美容医療を取り入れている企業も多い。これらの医療に関してもほぼ健康な受診者がより健康になるために，より美しくなるために受診する。これらの医療機関側では渡航支援企業が受診者を連れてきやすいように，事前に説明会やどのような方が受診できるのかというレクチャーを多く行っているため，医療知識を合わせもっていなくても受入れが比較的容易に行えるという現状である。

　一番難しいのが疾病を患っている患者の受入れである。すでに現地で治療が開始されていたり，過去に手術をしていたり，がんの再発があったりという患者からの問い合わせ対応が一番難しく，医療の専門知識を持つスタッフを社内または社外で必要とする。

　例えばこんなケースがあった。患者は中国現地でがんが見つかり，中国での手術や化学療法を続けていた，しかし，一度手術で切除しきったがんの再発といくつかの臓器への転移も見られた。血液検査の結果も悪く，状態があまりよくない。家族と本人の強い希望で日本ならば治療が受けられて治るのではないだろうかと思い，家族友人である渡航支援を行っている者に問い合わせた。現地での医療情報を全部翻訳し，いくつかの日本の医療機関へ問い合わせた。しかし，残念ながら現状では日本でも良い治療方法がないということで医療機関

への受入れは叶わなかった。

　しかし，渡航支援をしていた友人は入院での受入れが難しいなら，まずは人間ドックなら大丈夫だろうと考え，人間ドックを予約して日本へ渡航させた。人間ドックを受け入れた医療機関は当日の受診日になって患者の既往歴などを確認した結果，がんの末期の状態であることを知った。もちろん受診は中止となった。

　実はこのような持病の検査のため人間ドックに受診させるというパターンは意外と多い。渡航支援者に医療的な知識がないと，特定の疾患をターゲットにした検査も人間ドックでの検査も同じ検査だと思っており，日本の医師に診てもらえれば，来日後は何とかなるだろうという考えがあったりもする。

　患者と医療機関がより良い関係で日本での治療を進めていくためには，来日前からいくつもの確認事項があり，きめ細やかにサポートしていかなければ双方の幸せは得られない状況となってしまう。

10.　渡航支援企業の治療サポート内容

　渡航支援企業の顧客へのサポート内容は幅広く，以下のように来日前から帰国後までの継続したフォローが必要となる。

　患者からの問い合わせが発生してから実際の渡航に至るまで様々な事前準備が必要となる。

　①　ヒアリング：患者の現状と来日して何をしたいのか要望を理解し，日本

図表 4-11　治療目的の患者への主なサポート内容

来日前	日本滞在中	帰国後
①　ヒアリング	①　空港送迎	①　医療機関からの連絡事項の伝達
②　医療情報収集	②　宿泊所送迎	②　帰国後の医療相談
③　医療機関マッチング	③　日常生活サポート	③　再診日程予約
④　支払保証	④　通訳者手配	④　現地検査結果翻訳
⑤　ビザ手配	⑤　受診サポート	
⑥　交通手配	⑥　家族のサポート	
⑦　宿泊手配		

出所：筆者作成。

の医療機関を受診するまでのステップの説明を行う。

② 医療情報収集：患者が持っているすべての医療情報（カルテコピー，サマリー，血液検査結果，病理結果など）を収集し，医療情報をすべて翻訳し日本語でサマリーを作成。中国では画像資料はフィルムの場合が多く，国際郵便で送ってもらうか，医療機関に再度依頼をしてもらい，電子版の画像情報を入手してもらう案内なども行う。

③ 医療機関マッチング：患者の要望，医療情報内容を整理し，治療に最適な医療機関へ受入れの依頼を行う。医療機関側より治療方針，治療予定期間，治療費用などについて受けた情報を患者に知らせる。

④ 支払保証：医療機関の治療費概算書を預かり，患者に事前に治療費用請求を行う。

⑤ 医療滞在ビザ手配：医療機関発行の受診予定証明書を預かり，企業から身元保証書を発行し，ビザの取得サポートを行う。

⑥ 交通手配：空港からホテルまたは医療機関までどのように移動するのか確定し，ハイヤー等の手配。

⑦ 宿泊手配：医療機関に入院か，通院かにより宿泊場所の確定を行う。

上記のステップで調整が全部整ったら患者の来日となる。

① 空港送迎：空港からの移動などサポートするため中国語が話せるアテンドスタッフが現地に赴き案内をする。

② 宿泊所送迎：宿泊施設から医療機関までの交通ルートなど不明な場合が多いので，中国語が話せるアテンドスタッフが現地に赴き案内をする。

③ 日常生活サポート：滞在が長期間になる場合はサービスアパートメントなどで生活しているため，日用品や食料品の買い物など，近くのスーパーやショッピングモールへの案内などを行う。

④ 通訳者手配：日常生活で通訳が必要な場面には一般通訳者を手配し，受診など医療機関に赴くときは医療通訳者の手配を行う。

⑤ 受診サポート：医療機関へ医療通訳者と一緒に同行し，受付から診療，終了後の費用支払いまでサポートを行う。

⑥ 家族のサポート：患者同行者として来日している家族の体調不良などが起こる場合もありメンタルなども含めてケアする。

予定していた治療が終了し帰国後のフォロー。

①　医療機関からの連絡事項の伝達：帰国後に患者の検査結果などが医療機関から知らされる場合や，療養方法の変更などについても指示がでることがあるため，患者に迅速に知らせる。

②　帰国後の医療相談：帰国後患者から体調面や内服薬についての相談などがあるため医療機関との相談などの対応を行う。

③　再診日程予約：手術後の定期健診や治療の継続などがあるため，再診の日程を確認し，渡航前と同じく交通や宿泊の準備などの確認を行う。

④　現地検査結果翻訳：現地で新たに入手する医療情報などがあるため，それらの検査結果の翻訳などを行う。

　以上のように，渡航前から帰国後まで細やかに患者と連絡を取り合ってサポートを行うことで，より患者に寄り添ったプランが立てられる。医療機関へ外国人の受入れ負担が少なくなるよう，事前に患者本人の希望する治療と医療機関が考えている治療がマッチする意思を通じさせることが必要である。

　また現場に赴くときには上手に患者の気持ちと医療者の気持ちを汲み取って，お互いの立場を尊重しながら中立な立場で受診を進めさせることが，良い渡航支援業務につながると考える。

11.　おわりに

　私は日本中国双方の医療知識，医療用語を理解し，日中の医療機関での経験があったため，患者と医療機関の両者の要望がしっかりと理解できたこと，家庭内に中国のルーツがあったため，医療を求めて渡航してくる患者に心から寄り添いたいと思った。その気持ちを生かしたいと思い，h-MBA で医療を交えたビジネスを勉強し，現在の自己実現につながった。

　現在は渡航支援企業の業務のみではなく，医療通訳育成についても研究を続けている。多くの外国人が来日する日本では，在日外国人，旅行や仕事で一時滞在する外国人に対する緊急医療などに対応するコミュニティ通訳者が医療現場での通訳を担ってきた背景がある。そこで訓練を受けた医療通訳者が渡航支

援企業から有償のサービスとしての医療通訳を依頼されると，自らが受けた教育とはまた違う現場に遭遇し医療インバウンド患者と医療機関とがスムーズに関わることができない場面がある。

　今後は医療インバウンド患者を受け入れるための医療インバウンド医療通訳者の学ばなければいけない内容なども検討していきたいと考える。

（白川　忍）

[参考文献]
医療滞在ビザに係る身元保証機関の登録基準：国際観光，政策について，観光庁
「医療滞在ビザ」の身元保証機関になられる方々へ：外務省の説明，外務省，（mofa.go.jp）
医療滞在ビザを申請される外国人患者等の皆様へ：外務省（mofa.go.jp）
社保網：http://shebao.southmoney.com/yiliao/baoxiao/202210/342060.html
中国国家統計局：https://data.stats.gov.cn/easyquery.htm?cn=C01
渡航受診者の受入れ支援：https://www.meti.go.jp/policy/mono_info_service/healthcare/iryou/
　　inbound/coordinator/index.html，経済産業省
武漢市医療保障局：効率医療機関サービス項目価格，中国人民共和国改革と発展委員会，医療保険加
　　入者数，https://www.ndrc.gov.cn/fggz/jyysr/jysrsbxf/202207/t20220726_1331329.html
身元保証機関遵守事項：001520009.pdf（mlit.go.jp），観光庁

第5章
看護管理の定義へのこだわりと
経験に基づく新規ビジネスの展開

1．はじめに

　筆者は1985年静岡赤十字病院看護専門学校を卒業後に同病院の混合外科病棟に勤務していた。

　この当時は，未だ3交代制（日勤・準夜勤・深夜勤）であった。そのため，子育て期間に看護職を継続するために2交代制であった人工透析センターでの勤務を選択している。その後，某大学病院手術室の開設準備から約10年間において師長代行として業務を通して看護管理について学ぶこととなった。手術室での学びは，これからの看護師としての役割とキャリアへの転換となった。

　筆者がMBA（ヘルスケア経営学修士課程）進学を決断したきっかけは，その後に医療現場を離れて一般企業に入り様々な方と出会って，学びを深める中で，今が自身に必要な知識を補うチャンスであると思ったからである。

　筆者の現在は，原点である看護管理プラスMBAで学んだことを活用できるよう日々努力しながら，クロスメッド株式会社に勤務して，さらに医療経営コンサルティングを行っている。

2．手術室での看護管理

　ミンツバーグ[1]は，患者の満足度調査の結果，看護職が全項目に関与していたことを指摘している。当時，看護管理の本を読んだときに「正にその通り！」と思ったことを覚えている。

　手術室での看護は，外科的治療を施す場所であり，医師の介助がメインに挙

げられるが，看護がなければ，手術を行うことはできないと言っても過言ではないと筆者は思っている。

　それは，患者の安全・安心をその患者に合った形でどのように，そして確実に行うことが看護師に求められ，時間（手術準備〜手術終了後の後片付けを含めた時間を意味する）という制約がある中で達成できるかという，かなり過酷な業務である。

　しかし，手術室看護の経験が無い看護師や看護管理者には，密閉された部屋での看護業務を理解するのは難しいものであった。現在は，看護キャリアを含め，標準化した業務内容等をサポートする書籍やセミナー，講演等があり手術室看護師の役割も公知となっているが，その当時は，同じ手術に立ち会う医師でさえも看護師の役割を把握できていない状況であったと認識している。

　筆者は看護管理者として手術室業務をどのように見える化し，周りが納得できるのか，のために看護系書籍だけではなく，様々なマネジメント本を読んでいる。

　以下で取り組みの1つを紹介する。

　筆者は，手術室の適正人員数を数値化するために手術スタッフ（看護師，看護助手も含む）の協力の基で，1週間のタイムスタディを実施した経験がある。

　現在では，日本手術看護学会より「手術室看護師の人員配置基準取得への取り組み」として算出方法[2]が出されているが，当時はそのような算出できるツールは無かった。このタイムスタディは，人員増加願いを看護部及び病院経営者へ提出する資料とするためのものであった。この資料は，看護師の業務内容（役割），作業時間，休憩時間，残業時間，人数，その日の手術内容，手術時間等をすべて数値化し，業務効率，必要人数を示すことができたものである。残念だが，今はその資料は残っていない。しかし，この数値化した資料を提出したことによって，異例のスタッフ人数の増加を早期に配置転換していただくことに成功したのである。

　ここで筆者が学んだことは，今では当たり前のことであるが，客観的数値データを示すことで，他者に理解してもらえることを実感したのである。

　また，患者への安全を怠らないことに対して，手術前の準備が9割となる業務の中，病院内のリソースだけで手術を成功することはできないという経験を

何度か味わっている。手術中に 1 つでも物品が無い，使用できない状態があった場合，その手術を受ける患者へ影響が大きいことになる。そのため，医療機器の日常点検は，欠かすことなく行っていたが，特殊材料等は，外部より搬入されることに対して，外部企業における教育への疑問，また，医療安全の知識が乏しい企業が手術で使う材料を取り扱っていることへの疑問が筆者の中で膨らんでいた。それは，手術患者に直結する大きな問題と捉えていたからである。

　患者の体内に挿入される材料に関しては，病院だけではなく，企業側でも製品に対する市販後調査が必須であると考え，ロット番号管理[3, 4] を徹底して行った。

3．企業における看護管理

　2000 年になり，筆者は医療現場を離れ企業へ務めることを決断した。その理由は，総務省と経済産業省の統計によれば，日本全国の企業数は約 367 万社（2021 年）に対し，全国の病院数は約 8,200 施設（2022 年）であり，病院は日本企業全体においては約 0.2％の施設数しかないからである。

　理由①　医療という社会のみで働き続けることに疑問を持ったからである。また，その医療という社会は封建的なところがあり，看護師が主体的に看護教育を推し進めていくことは未だ弱い時代であった。のちに社会全体における課題である人口動態や地域へのヘルスニーズの高まりに対して，厚生労働省により診療報酬改定を含む法整備が徐々に行われ，「チーム医療」「訪問看護」等が行われてきた。日本看護協会も 2000 年からの医療の変革に対応すべく 2014 年の重点事業として看護師のクリニカルラダーの開発に取り組み 2016 年に公表に至った経緯がある。

　理由②　筆者は看護教育を受けた後に，医療現場での卒後教育を受け育った中で他の社会を知らなかった。多くの人が生活している社会での教育と医療現場での教育に差異があるのか？ということを自分自身で確かめ，看護師である筆者が医療現場と企業の橋渡し役として，何かできることはないかと考えたからである。

　筆者が病院外で勤めた最初の企業は，人工関節を輸入販売しているスイスに

本社を持つ外資系企業であった。そこでの筆者の役割は，看護師として医療現場における手術の準備，手術の立ち合いを行い，製品である人工関節が安全に提供できるようにする業務内容であった。企業は営利を追求するものであるという学びと医療現場と企業側という立場の逆転に悔しかったことを思い出す。これは，医療という場所，環境が生み出すためなのか，売買取引の関係からの発言や態度なのか，筆者の人間性なのか，と悩んだこともあった。

　その後，ISO 認証（ISO9000 と ISO14001）の 2 つの審査員資格を筆者は取得した。ISO はインターナショナルのマネジメント標準要求項目を審査し判定するものであり，すべての産業に適応できるものである。

　医療現場では，ISO 要求項目がどのように解釈され，適応されるのかを 5 日間を 2 回に分けての合宿教育を受講しテスト（筆記・実技）に合格しなければならなかった。振り返れば，ここでマネジメントの基本をしっかり学ぶことができたと思う。加えて，審査時に必要な話術として，オープンクエスチョン方法を身につけることができた。これは，看護現場においても必要な話術であるが，このような基本的な教育を受けたことがなかった筆者は過去のコミュニケーションを振り返る機会となった。

　2004 年に筆者は Johnson and Johnson 社に入社した。看護師としてセールス教育，顧客への Education に約 10 年間にわたって携わる中，世界でトップクラス企業における教育を受講できたことは今後の礎となった。

　例えば SLII®[5]（状況対応リーダーシップⅡ），PSS（Professional Selling Skills），SMDP（Sales Management Development Program），EMP（Excellent Managers' Program）等があり，1 つの教育コースは，2 日から 3 日間を費やし体系的に構築された教育を受講することができた。筆者は，SLII® コーチホルダーを取得し社内教育を実施してきた。著作権があるため，詳細な教育内容を紹介することは難しいが，以下で一部をご紹介する。読者も興味があれば受講することをお勧めしたい。これは，看護管理者としてスタッフ教育を進める時に必ず役に立つモデルワークであり，パートナーシップの構築をどのように築いていけば良いのかをサポートしてくれるものである。

　〈SLII®〉　4 つのリーダーシップスタイルと 4 つの開発レベルがあることを理解した上で，上司のリーダーシップスタイルを個々の作業や目標に応じた部

下の開発レベルに一致させることを目標とする（図表5-1）。

　また，パートナーシップの構築は，コミュニケーションをオープンにして，部下の技術と意欲を高めるための指導を開始するための方策である。上司と部下の両社が組織の目標を達成することに焦点を当て，目標の設定にどのように部下を参加させるか，また部下が目標を達成できるようにリーダーシップスタイルを用いて指導するかに関し部下と同意に達する方法等を学ぶことができるのである。

　SLII® のモデルは，わかりやすく実践的なフレームワークである。このモデルによって，マネジャーは各メンバーのニーズを診断し，そのニーズに合ったリーダーシップスタイルを提供できるようになる。診断は，D1（「意欲満々の初心者レベル」）からD4（「自立した達成者レベル」）までの4つの開発レベ

図表 5-1　SLII® のモデル

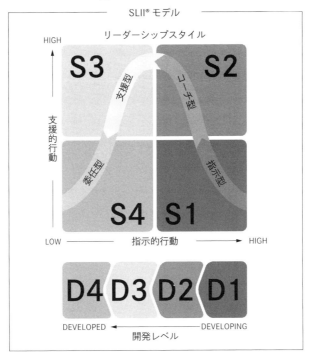

出所：Ken Blanchard Japan ウェブサイト。

ルから，当てはまるものを見極める。そして，メンバーのレベルに合わせて，S1（指示型）からS4（委任型）の4つから適切なリーダー行動を選択するのである。

〈SMDP，EMP〉　これは，各国の Johnson and Johnson 社にて展開されている独自の教育プログラムの1つである。上司も同席してのワークショップが実施され，Talent Management について双方で理解し，顧客との課題点について話し合い，今後のアクションを導き出していくものである。ここで，一番学んだことは，Johnson and Johnson の社員として「Our Credo（我が信条）」の価値観を最初に学び，Our Credo に基づく意思決定プロセスを明確にすることから，問題解決を進めて行くことであった。

病院は，その理念は掲げているが，その理念をスタッフへ浸透させ，行動する時の意思決定にまで落とし込む教育をしている施設はあるだろうか。医療においてもビジネスにおいても組織運営していくためには理念やビジョンからブレイクダウンし管理，行動を実施していくことが重要であると気づかされた。

多くの研修形態は，ワークショップ型で自由に意見を言える環境づくりがなされていた。そのため筆者は研修に参加するのがとても楽しく，今まで学んだことがない内容や1つ1つの思考の捉え方に驚きながら学びを深めていったことを覚えている。

外資系企業に勤めたことで，海外スタッフとの交流，スイス，インド，アメリカ，カナダの病院施設見学や学会参加の機会も頂けた。日本では医業は医師が行い，看護師が医師の指示の下で業務を行うが，欧米における看護師の立場は，日本で医師が行う医業へも教育を経て，資格を取得すれば，医師と同等な立場で医療サービスを展開することが可能であることを知った。

看護師であっても麻酔をかけられる，また，physician[6] としてとして診断，治療をする看護師もいることを知ることができた。日本においては，日本看護協会の重点課題として，ナース・プラクティショナー[7]（仮称）の制度創設に向け 2015 年6月より活動を進めている。

その後，筆者は2014年に鴻池運輸株式会社メディカル事業本部へ移籍した。外資系企業と違い，日本の大企業でしかも運輸会社？と読者は疑問に思うであろう。同社は，運輸業が本業でありながら，多角化経営で様々な分野における

事業を行っている。グループ会社に鴻池メディカル株式会社があり，院内／院外洗浄・滅菌サービス，物品管理サービス，手術室支援サービス，医療機器メーカー向けサービス，その他コンサルティングサービス等の事業を展開している。鴻池運輸株式会社は世界にもグループ会社は多数あり，グローバル企業でもある。

　鴻池運輸株式会社での筆者の業務は，フィリピンにおける介護人材教育を実施及び海外人材受け入れサポートを担うことあった。当時は，外国人労働に対する受入れ制度が未発達の日本政策であった為，低賃金や差別問題が混沌とした状況であった。そのため，この事業の撤退は決断となった。

　その後，インドへの医療支援事業とすべく子会社がデリー近郊のグルガオン市に設立され，筆者はインド事業をサポートする役割となった。

　ここでの仕事は，インドには無い院内物流を構築する事業を進めると共に日本では医療材料を購入する際に各メーカーが各病院へ配布するカタログから購入できる仕組みを構築することであった。海外事業を成功させるために最も重要なことは，相手国の人，環境，宗教を含めた生活状況や病院内部の状況，仕組みを知ることである。また，経費，予算も鑑みなければならない。そこで，補助金事業を活用する方向となった。初年度は経済産業省における補助金事業に採択され，そのプロジェクトに参画することになり，インドへ何度も渡航する中，日本とインドにおける様々な違いを体験することができた。

　1年でインド事業の構築は簡単にできるものではなく，次年度は厚生労働省，またHIDA[8]助成事業のプロジェクトに参画した。その中で日本政府における助成金制度についても深く学ぶことができた。人材育成を絡めての事業は，調査のみではなく，日本，インドの両国での人材交流，病院視察，セミナー開催と多岐にわたる業務を両国のスタッフと連携して実施していかなければならない時に筆者自身の固定概念を覆されることばかり発生した。日本で生まれ育った自分では想像できない，予定外のことに驚く暇も無く，受入れ対応することが求められる日々であった。これは，単に国の違いから起こることなのか？自分に問いただした結果，ある物事を成功させるためには，様々な角度から俯瞰的に見なければプロジェクトは前に進まないということを学ぶことができたのである。ここで筆者が経験した内容は，現事業にも活用，反映することがで

きている。

4．中国での経験

　2017年，中国香港資本の大手プライベートグループ病院を持つ企業が新たな国際病院を武漢に設立する為に日本の看護や仕組みを導入する目的での仕事を頂く機会を得た。日本における院内物流と看護師教育をサポートするために約2年間，武漢市と日本を行き来する生活となった。中国という未知な国に想像することさえできず，中国人，社会主義国ということ，欧米，インドとは全く違う環境に戸惑っていた。中国語を話すことができない筆者に専属の中国人通訳が日常の世話から業務に関してまでを一貫して担当してくれた。彼女には，本当に感謝している。

　病院のスタッフ会議では，人の話を聞いている人はほとんどおらず，携帯電話で勝手に話している人が多く存在する中，筆者がどうしてリーダーシップを取ることができるのであろうか？　混迷する時，筆者は図を描いて説明を始めた。言葉を喋れない相手を受け入れてくれた瞬間である。その後，小さなホワイトボードを日本の100円ショップで購入し武漢へ持ち込み，説明は図を描いて通訳を通して説明する方法でやっと意思疎通ができるようになったのである。病院の管理的立場の人であっても英語が通じないこともあった。病院経営者の発言は絶対的な意味を持ち，逆らう者は誰一人いない。そこで，積極的に経営者への面談を希望し，筆者の考えと病院の方向性を一致させた内容でプロジェクトを進めていった。しかし，そう簡単には進まないのが現状であった。

　病院組織体制は，日本の10年から15年前を彷彿させるものであった。家族が患者の世話をするのが当たり前であり，注意事項を守れない時は，「患者が悪い」と看護師は答えたのであった。しかし，規定書はしっかり整えられている。国の法規定に則した内容は整えられているので，その病院の特色を追加することによって良いマニュアルも作成できる内容であった。また，国が規定する看護師教育は，日本と違い，主任，師長，部長に昇進する為には，その為の教育課程時間が設定されており，試験に合格する必要がある厳しいものである。

　ここで，1つのエピソードを紹介する。ある時，筆者は高熱に襲われ日本人

でも保険が使える病院へ行くことになった。病院へ着くと医師による簡単な問診後，直ぐに外来にて点滴が始まった。これは大丈夫なのか？と思いつつも受けるしかなかった。点滴終了後2時間程で，スーと熱が平熱に下がったことにはビックリしたことを覚えている。点滴内には，抗菌薬と思われる薬品が混入されていると聞いた。中国では小児に対しても外来での点滴を直ぐに実施されるのが通常の診療ということであった。

　一方，中国におけるIT産業の発達スピードと高度な技術は，日本が見習う必要性を痛感した。インド，中国は世界的に人口が多い国であることから，幼少時より自身の健康管理は自分で管理することを教育されている。

　病院の診療録は医師が電子カルテを活用している施設は，そこに入力することで日本と変わらないが，個人は自己管理するために紙媒体のカルテを院内の自動販売機（図表5-2）にて購入（当時1冊1元）し，医師に記載してもらい持ち帰るのが通常である。また，院内薬局が主流であり，薬品は箱単位で払い出される。その機械（図表5-3）は，薬品棚機能を兼ねIT化されている。処方箋をスキャナーで読み込むと背部の薬品棚より自動的に払い出され，受付に座っている薬剤師によって内容を確認して患者へ渡す方式を行っている施設が多い。病棟への薬配車は，自動運転するロボット（図表5-4）が運搬する。

　薬配ロボットは，専用エレベーターにて人を介せず，自動でエレベーターに

図表 5-2　カルテ販売機

出所：筆者撮影。

図表 5-3　薬品払い出し機器

出所：筆者撮影。

図表5-4　薬発達ロボット

出所：筆者撮影。

も乗り降りすることができる。また手術室の汚染物排出と清潔区域への搬入エレベーターは別となった建築構造となっていた。

　特記すべきことは，筆者が勤めていた新病院内の見学ツアー及び医療経営の日中交流ディスカッションを開催することができたことである。国際医療福祉大学大学院の羽田明浩教授を含め大学院生10名の方達に武漢に来ていただいたのである。

5．MBAへ進学する理由と学び

　看護師として，医療現場，企業で業務を追行している時に何度か苦い思いをしたことがあった。

　それは，「看護師だから……」という言葉であった。企業が利益追求をしていることは既知なことである。筆者は看護管理の定義にこだわりを持ちながら働くことを忘れずにいる。医療現場を離れても患者につながるサービスを信念に持ち続け，ヘルスケア領域で経験と学びの領域を広げてきた。また，企業側も看護師という資格を持つことで利用価値として捉えていただけたものと思っている。しかし，その企業の製品を販売し利益を得るために直結するのかというと，そういう部署ではない。

　また，医療従事者の教育課程に経営学は無いことから，「看護師だから……」ではなく，「医療従事者は……」という意味合いである。企業に勤める人がすべて経営学を学んでいるかというとそれもすべてではないが，産業において医療は非営利構造を成していることから，経営，利益を得ることに対して意識が低いと見られていることが往々にしてある故である。そんなことはない，病院はサービス業であり，サービスを提供することで利益を得ることは必然であり，患者への安全を追求する業務を行っている。そこで，それでは，経営学とは何か？をしっかり学びたいという意識が高まったのであった。また，将来，自身の事業を展開する為にも必要な知識を身につけることが必須となったためである。国際医療福祉大学大学院で学べることを調べ，ヘルスケアに特化したh-MBAへの道があることを知り，進学することを決意した。

　大学院h-MBAでの学びは，医療経営理論だけに留まらず，管理会計論，医療における法と倫理，統計手法，データサイエンス，ビジネス分析・戦略・マーケティング手法，組織行動論，経営戦略論，日本の医療における制度と政策等，多岐にわたる内容を学ぶことができた。

　筆者の大学院2年間の学びの纏めとした課題研究は，大学院修了後の事業につなげたいという目的を持って臨んだ。その課題研究テーマは，「運動器系アプリケーションプラットフォーマー事業の検討」である。それは，ダイナミック・ケイパビリティによる経営戦略のフレームワークを用いたビジネスプランとして纏めた。

　現在の事業についての詳細は後述するが，近年のデジタル技術の発展に伴い，ヘルスケア分野で次々にイノベーションが生まれている。デジタルヘルス[9]は，医療やヘルスケアの効果を高めることが期待され，その世界市場規模はBCC Researchによれば，2026年には3,848億ドルへと漸増する見通しである。

　新規事業として，運動器に特化したデジタルヘルス分野への参入を考え，そのための課題について，独自調査から事業計画を考察した。

　筆者がまず取り掛かったことは，市場における課題を明らかとするための調査を行い（図表5-5），結果を纏めた（図表5-6）。

　運動器における活動量を示す指標は，MET's指標を用いて年代別の日常の

図表 5-5　市場調査（アンケート結果1）

4施設の健診センターに来院する方々を対象：任意同意を得た 995 件のうち有効回答 951 件

調査実施期間：2019.09.01〜2021.12.28（内、アンケート実施期間 19 日間）

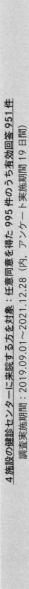

結果：ロコモとメタボの割合

ロコモになり得る可能性がある群
男性189人（46.4%）
女性218人（53.6%）

非該当544人（57.2%）

非該当888人（93.4%）

メタボ相当群
男性41人（65.1%）
女性22人（34.9%）

407人（42.8%）

63人 6.6%

メタボ・ロコモ

0%　10%　20%　30%　40%　50%　60%　70%　80%　90%　100%

(n=951)

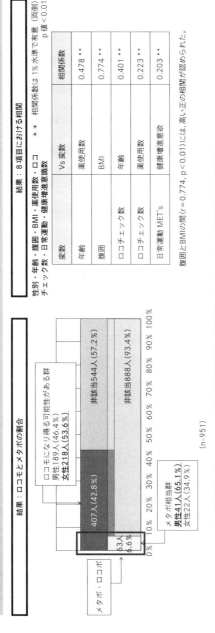

結果：8項目における相関

性別・年齢・腹囲・BMI・薬使用数・ロコ
チェック数・日常運動・健康増進意欲数

相関係数は 1% 水準で有意（両側）
p 値＜0.01

* 相関係数

変数	Vs 変数	相関係数
年齢	薬使用数	0.478 **
腹囲	BMI	0.774 **
ロコチェック数	年齢	0.401 **
ロコチェック数	薬使用数	0.223 **
日常運動 MET's	健康増進意欲	0.203 **

腹囲とBMIの間（r=0.774、p＜0.01）には、高い正の相関が認められた。

メタボ相当群よりロコモになり得る可能性がある群が多く、かつ、その可能性は女性が 53% であった。

したがって、生活習慣病として、メタボよりロコモになり得る可能性がある方々へのサポートが必要である。

出所：筆者作成。

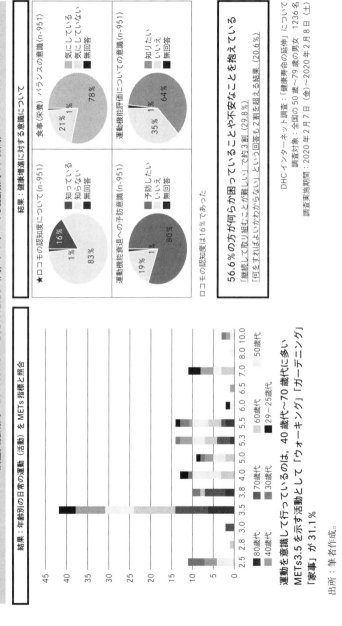

図表 5-6　市場調査（アンケート結果 2）

4施設の健診センターに来院する方を対象：任意同意を得た 995 件のうち有効回答 951 件

調査実施期間：2019.09.01～2021.12.28（内、アンケート実施期間 19 日間）

結果：健康増進に対する意識について

食事（栄養）バランスの意識（n-951）
- 気にしている
- 気にしていない
- 無回答

21% / 1% / 78%

運動機能評価についての意識（n-951）
- 知りたい
- いいえ
- 無回答

35% / 1% / 64%

★ロコモの認知度について（n-951）
- 知っている
- 知らない
- 無回答

16% / 1% / 83%

運動機能表長への予防意識（n-951）
- 予防したい
- いいえ
- 無回答

19% / 1% / 80%

ロコモの認知度は 16% であった

56.6%の方が何らか困っていることや不安なことを抱えている
「継続して取り組むことが難しい」って約3割（29.8%）
「何をすればよいかわからない」という回答も 2割を超える結果（20.6%）

DHC インターネット調査：「健康寿命の延伸」について
調査対象：全国の 50 歳～79 歳の男女 1236 名
調査実施期間：2020 年 2 月 7 日（金）～2020 年 2 月 8 日（土）

結果：年齢別の日常の運動（活動）を METs 指標と照合

80歳代　70歳代　60歳代　50歳代
40歳代　30歳代　29-25歳代

運動を意識して行っているのは、40 歳代～70 歳代に多い
METs3.5 を示す活動として「ウォーキング」「ガーデニング」
「家事」が 31.1%

出所：筆者作成。

運動を把握することができた。この基本情報を基にこれからの新規ビジネスに対して，経営戦略理論，管理会計論で学んだフレームワークや計算手法に基づき考察を行い纏めていった。

　筆者は現在，新規事業を進めるに当たり，大学院での学びから課題研究を纏めた内容は，基本的な考えの礎となり今も何度も見直す資料として活用してる。大学院 h-MBA への進学により，医療とビジネスが一体化した考えとつながっていったのである。また，大学院で出会った方々は，医師，歯科医師，看護師，薬剤師，理学療法士に加え，各企業に勤める様々な職種の集まりであり，各々な立場からの考え，経験を共有した2年間は，人生にとっても非常に濃い経験を得ることができ，同期の枠を越えたつながりに出会える機会となり財産となっていることは間違いのないものである。

　「看護師だから……」「医療従事者だから……」と言われたことに対して，h-MBA で学んでいる医療従事者は，医療経営を支えていく存在であり，現場で活躍することによって，患者へより良い医療を提供することができるものと確認している。

6．現在の事業展開

　筆者は医療経営コンサルティング代表として，主に海外の事業をサポートしてきた。現在，主にインドにおける医療物流センター構築事業に参画している。これは何社もの大手企業によるコンソーシアムの一員として，筆者が看護師という資格を活かしての役割を担ってる。

　一方，2020年10月に日本で新規事業を創業し，取締役として代表の経営戦略をサポートする位置づけで従事している。これは前述したデジタルヘルス事業である。これまでの人と人のつながりにより，様々な業界の方々と点と点を結ぶ縁によって事業を進めて行けることに常に感謝して日々を暮らす現状である。

　ここで，筆者が時として思い出し大事にしている言葉を紹介する。それは2005年にスティーブ・ジョブスがスタンフォード大学の学位授与式で卒業生に送ったスピーチの一部である。

「将来をあらかじめ見据えて，点と点をつなぎあわせるなどできません。できるのは，後からつなぎ合わせることだけです。だから，我々はいまやっていることがいずれ人生のどこかでつながって実を結ぶだろうと信じるしかない。〜（中略）〜やりがいを感じることができるただ一つの方法は，素晴らしい仕事だと心底思えることをやることです。そして偉大なことをやり抜くただ一つの道は，仕事を愛することでしょう。好きなことがまだ見つからないなら，探し続けてください。決して立ち止まってはいけない。〜（中略）〜ハングリーであれ。愚か者であれ。Stay Hungry, Stay Foolish」。

　2022年10月にヘルスケアアプリケーションを上市することができた。このアプリ開発は約2年を要した。筆者はこの仕事は，人々の役に立つ意義のあるものであり，運動器（整形外科）DX[10]を構築する信念を持って進めている。
　昨年9月に東京都の医療機器等事業化支援助成事業に採択され，向こう5年間をかけてプログラム医療機器として承認を取得することが目標となり進めている。現在は，先に述べたように非医療機器（ヘルスケアアプリ）である。
　運動器におけるヘルスケアアプリは，すでにレッドオーシャンの状況であるが，如何に他社との差別化，ターゲット層への満足度を獲得できるかが鍵と捉えている。昨今，コロナ禍環境も追い風となり，運動器におけるヘルスケアア

図表5-7　「くるあ®」コンセプト：「P-C-R-D-C」サイクル

出所：筆者作成。

プリは，様々なものが市場に溢れている。が，しかし，アプリ使用者にとって，自助努力で運動する，どんな運動をすれば良いのか，情報が溢れていて選択するにも迷ってしまうという課題が山積してきている。運動に対して意識が高い人は，楽しく健康増進につなげられるであろう。しかし，高齢者や障害がある人，運動に対して苦手意識がある人などは，自ら積極的な運動はしない。行動変容を促すスイッチをONすることが必要となるのである。そのスイッチとなるアプリを開発することが差別化であり，ビジネス増収につながると考えている。現在のアプリのコンセプト（図表5-7）を明確にすることから始まった。以下，製品名称「くるあ®」アプリケーションを紹介する。

　「P-C-R-D-C」サイクルとは，「P：計画　C：身体状態をチェック　R：結果がわかる　D：運動を行う　C：毎日継続する」を意味し，このサイクルを回すことによって，健康増進を図ることができるものである。このアプリは，「人生100年時代」に即した健康増進を進める上で，個人の自助努力をサポート支援する内容となっている。

　2007年に日本整形外科学会によって新しく提唱された「ロコモティブシンドローム（略称：ロコモ）」は，和名では「運動器症候群」と言われ，運動器

図表5-8　要介護度別の原因疾患

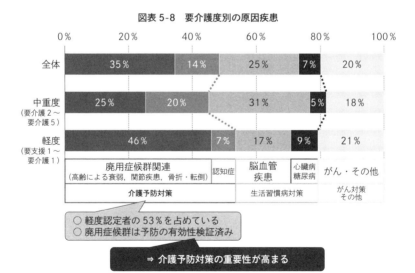

出所：厚生労働省：国民生活調査資料。

の障害のために移動機能の低下をきたした状態を表し，病気（疾患）と診断されてはいない。しかし，高齢化により運動器の機能は衰え（衰弱），各関節疾患（痛み）や歩行障害等の症状が出現し，筋力の衰えが増すことにより，転倒，骨折を誘因し，寝たきりの生活から要介護，要支援の原因となっていることは，厚労省の統計結果より脳血管疾患，循環器疾患よりも多いことが示されている（図表5-8）。

　一方，運動器は可逆性があることも研究論文より明らかにされている。健康寿命（自立した生活）を延伸させるためには，運動を行うことを習慣化することであるが，日常生活の中で顔を洗う，歯磨きをするという習慣レベルへ運動をすることも習慣化することは非常に難しいことではあるが，アプリ使用者へのマーケティングを継続する中，使用者の心が動く使いやすさ，楽しさをもっと強化した製品とすべく，追加開発中であり，誰もが運動を習慣として意識せず行うことができるように願う。現在は，iPhone対応版のみであるが，Android対応アプリとして開発を進めている（図表5-9）。

　また，並行しプログラム医療機器承認を目指し2022年9月より，「リハビリ診療支援アプリ」の開発を行っている。新たなチャレンジは始まった。5年後には，疾患患者が「自宅でもスマホでリハビリ」ができることになるであろう。

　弊社は，ヘルスケアアプリと同時期に医療・介護・整骨院向けにwebシステムを提供するサービスを開始している。これは，地域医療連携の促進，データ利活用，医療現場における書類転記作業時間の省力化等を目的とし，将来，運動器（整形外科）DX化構想へつながっている。

　現在の取り組みは，現場で働く看護

図表5-9　「くるあ®」

出所：筆者作成。

師だった筆者が，看護管理の定義にこだわりを持ち働き続けてきた集大成として前に進めていく決意で進めているプロジェクトを Accountability[11] としている。

7．看護管理の定義へのこだわり

1961 年 10 月に東京で開催された WHO 西太平洋地域事務局主催看護管理ゼミナールで，「看護婦の潜在能力や関連分野の職員及び補助職員，あるいは設備や環境・社会の活動などを用いて，人間の健康向上のために，これらを系統的に適用する過程である」と示された。筆者は，これが正に「看護管理の定義」としての礎と考え，この定義に基づき行動を起こし続けている。

8．おわりに

看護管理は師長以上の人が学ぶもの，大学院へいくのも管理者がいくものといった考え方が少なくない。そのような考えは持つ必要はなく，医療サービスをどのように展開したいのかと捉え，将来の自分自身に向き合っていく学びの過程を楽しめたらと思う。

これは，看護管理が病院に限定されたものでないということである。その後，病院における看護師の立場及び環境はかなり変化し続けている。その中で看護管理として上記の定義にこだわりを持ち働き続けることが，筆者が看護師としての道であると常に思っている。

（嵩下　喜久乃）

［注］
1　ヘンリー・ミンツバーグ：カナダのマギル大学デソーテル経営大学院のクレゴーン記念教授。経営学者である。主な著書は『マネジャーの仕事』『人間感覚のマネジメント』等がある。
2　上野（2008），134 頁。
3　嵩下（2001）。
4　嵩下（2002）。
5　1968 年オハイオ大学においてケン・ブランチャート博士はポール・ハーシー博士とともに「状況対応リーダーシップ」のモデルを開発した。その後，研究と調査を踏まえ，状況対応リーサーシッ

プ II（SLII®）を開発。新世代を担うものとして世界中で高い評価を受けている（https://www. blanchardjapan.jp/）。

6　physician の意味は「医師」である。欧米の看護の論文では，「医師」を意味する場合，doctor ではなく，physician を使うことがほとんどである。

7　米国等では，医師の指示を受けずに一定レベルの診断や治療などを行うことができる「Nurse Practitioner（ナース・プラクティショナー）」という看護の資格があり，医療現場で活躍している。しかし相当する資格は現在の日本にはない。

8　HIDA：The Overseas Human Resources and Industry Development Association の略である。一般財団法人海外産業人材育成協会は，発展途上国の産業人材を対象とした研修および専門家は検討の技術協力を推進する人材育成機関であり，経済産業省下組織である。

9　デジタルヘルス：アプリ・人工知能（AI）・IoT・ウェアブルデバイス・仮想現実（VR）・ロボット技術などデジタル技術を活用して，医療やヘルスケアの効果を高めることをいう。

10　DX：デジタルトランスフォーメーションの略。「情報技術の浸透が，人々の生活をあらゆる面でより良い方向に変化させる」という仮説。2004 年にスウェーデンのウメオ大学教授，エリック・ストルターマンが提唱したとされる。

11　Accountability：アカウンタビリティ。経営者が株主・投資家・利害関係者に対して，企業の状況や財務内容を説明報告する義務。

［参考文献］

池上直己（1988），「病院組織における管理姿勢—Performance との関係」『病院管理』25（1）。

上野正文（2008），「トピックス III　手術室看護要員算定調査報告—手術室適正人員配置のための基準作り—」『日本手術看護学会誌』第 4 巻第 2 号。

草刈淳子（2001），「看護管理 50 年の歩みとこれからの方向」『日本看護研究学会雑誌』24（1）。

クロスメッド株式会社ウェブサイト（https://www.crossmed.jp/）。

厚生労働省（2008），H19 国民生活基礎調査資料。

スティーブ・ジョブス(2011)「米スタンフォード大卒業式スピーチ全訳」『日本経済新聞』2011 年 10 月。

嵩下喜久乃（2001），「人工材料の管理」『オペナーシング』第 16 巻第 7 号。

嵩下喜久乃（2002），「第七章　手術看護安全基準（⑥インプラント取扱い事故防止）」日本手術看護学会。

嵩下喜久乃（2020），「研究課題抄録」国際医療福祉大学大学院。

「デジタルヘルス技術：世界市場 2026 年予測」BCC Research, 2021 年 11 月。

日本看護協会ウェブサイト（https://www.nurse.or.jp/）。

樋口由美（2018），「虚弱高齢者の姿勢変化に顕在化する臨床像と機能的予後に関する研究」大阪府立大学，基礎研究（C）。

Ken Blanchard Japan ホームページ(https://www.blanchardjapan.jp/product-and-service/product-sl.html)。

第6章
訪問看護ステーションの運営について

1. 自己紹介

　筆者は，都内の看護学校を卒業後，大学病院やがん専門病院等の臨床を経験した後，製薬会社の CSR 事業に関わり在宅療養をされる方々と接する機会があり，在宅医療に興味を持った。その後，知人の紹介により訪問看護の立ち上げから関わり始め，所長を務めながら経営の一歩を経験させてもらった。

　自分の思う看護をしたい，と思い始め独立した。すべての責任を負う立場の経営者になりつつ，現場の所長というポジションを維持しながら訪問看護ステーションと居宅介護支援事業所の2つの事業を手がけている。また，某大学医学部看護学科にて地域指導教授としての業務も遂行し，実習の受け入れをはじめとして在宅看護の教育にも携わっている。

2. 大学院進学動機

　医療関係者で開業できるのは，医師，歯科医師が基本で，他は柔道整復師，整体師，鍼灸師等が知られている。しかし，看護師はどうにでも使えるものの，組織のトップに立つことは難しく起業ができる職種ではなかった。そんなサブのポジションしか取れなかった看護師が，起業し自分の手で経営ができる分野に出会った。

　筆者は，大学院入学時において，10期目となる訪問看護事業及び居宅介護支援事業を経営していた。独立し，経営をしているものの現場の問題にかまけてしまい，経営学というものをきちんと学んだ事がなかった。現場主義，質の維持ができていれば，自然と経営は何とかなるものだと思っていた。実際には

スタッフ人員の問題，利用者との問題をはじめとする問題と共に，近隣での同業他社の存在，利用者数の減少等により，改めて経営学を学ぶ必要性が高いと感じていた。様々な大学院で経営学を開講している中，医療に特化した MBAがある国際医療福祉大学に興味を示し，医療にまつわる経営マネジメント，法規など幅広く学べる事を知り入学を決意した。

3．研究背景について

　我が国においては，少子高齢化が進み現時点での高齢化率は 28.4％になっている。65 歳以上人口は，1950（昭和 25）年には総人口の 5％に満たなかったが，1970（昭和 45）年に 7％を超え，さらに 1994（平成 6）年には 14％を超えた。高齢化率はその後も上昇を続け，2019（令和元）年には 28.4％に達している。また，15〜64 歳人口は，1995（平成 7）年に 8,716 万人でピークを迎え，その後減少に転じ，2019 年には 7,507 万人と，総人口の 59.5％となった。総人口は，長期の人口減少過程に入っており，2029 年に人口 1 億 2,000 万人を下回った後も減少を続け，2053 年には 1 億人を割って 9,924 万人，2065 年には 8,808 万人になると推計されている。

　高齢化率が上がる事で，高齢者にかかる医療費も膨張し，生産年齢人口が高齢者を支える社会保障制度の破綻まで懸念される状況になっている。医療費抑制の為に，医療制度改革が進められている。1950 年には病院死が 10％程度で在宅死が 85％を越えていたものが，今では完全に病院死と在宅死が逆転し，在宅死が 20％程度になっている。これまでは，入院治療で回復できない慢性疾患や要介護状態の生活支援まで病院が担ってきた。そして，一般の人々は長年の経験から，医療と介護の両方を受けながら病院で最期を迎えるという認識が強く根付いている。しかし，今後，現在の病床数では高齢者の数に対応できず，2025 年には 39 万人が最後の置き場所をなくす，と見込まれている。病床数は増えず，終の棲家と言われている特別養護老人ホームでも看取りの実施率は 39％しかない。また，家庭では女性の社会進出や核家族型への変化により，介護を担う家族がいない状況であり，高齢者の単身もしくは夫婦のみの世帯が増加している。加えて，特に都会では近隣の互助の文化を喪失し，プライバ

シーを尊重するようになっている。

　在宅での医療・介護を受けながら住み慣れた地域で最期まで暮らすことを可能とする事を目的として，地域包括ケアシステムが国策となったが，各地域において新たな共助の方法を見出し，さらに医療介護費を顕著に抑制するまでの効果を出すまでには至っていないと言われている。

　国民の6割ができるだけ最後まで自宅で暮らし続けたい，と希望している。しかし，家族に迷惑をかける，急変などの時の対応に不安があるといった理由で，家での生活が困難であるという意見が多い。高齢者のみの生活になり，認知症を含む慢性疾患に伴う医療や老いによって，要介護状態となっても自宅で過ごし続ける為には，住民と各地域における様々な資源と医療，介護のつながり，支えあう地域包括ケアシステムの構築が課題である。

　高齢者医療においては，これまで救命，延命，治療の治す医療から支える医療への転換がなされ，本人の意思を尊重する最後までの生き方に重点が置かれるようになっている。

図表 6-1　看取り場所の推移

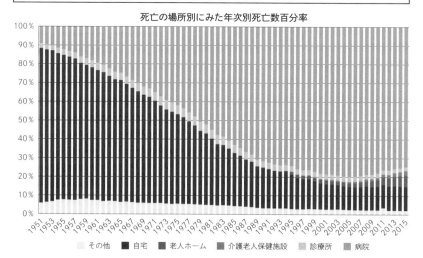

出所：厚生労働省資料。

　我が国の医療は，最先端の急性期を求めるだけの時代ではなくなっており，地域包括ケアシステムが推奨されるようになった。病院を含む施設に依存するのではなく，地域で，今までの暮らしをいかに継続できるようにするか，が焦点になっている。

　高齢化率が上がり，生産人口が低迷する中で，少人数の若者で大勢の高齢者を支えなくてはならない，と予測されている中で必要なのは単なる長寿ではなく，健康年齢であり，予防医学でもある。在宅医療と聞いた時に，急性期から回復期，慢性期になった最後に在宅療養があると考えがちであるが，それだけ

図表 6-2　高齢化の推移

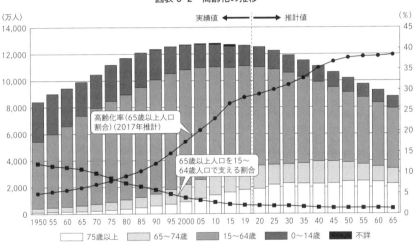

注 1：2018 年以降の年齢階級別人口は，総務省統計局「平成 27 年国勢調査　年齢・国籍不詳をあん分した人口（参考表）」による年齢不詳をあん分した人口に基づいて算出されていることから，年齢不詳は存在しない。なお，1950 年〜2015 年の高齢化率の算出には分母から年齢不詳を除いている。

注 2：年齢別の結果からは，沖縄県の昭和 25 年 70 歳以上の外国人 136 人（男 55 人，女 81 人）及び昭和 30 年 70 歳以上 23,328 人（男 8,090 人，女 15,238 人）を除いている。

注 3：将来人口推計とは，基準時点までに得られた人口学的データに基づき，それまでの傾向，趨勢を将来に向けて投影するものである。基準時点以降の構造的な変化等により，推計以降に得られる実績や新たな将来推計との間には乖離が生じうるものであり，将来推計人口はこのような実績等を踏まえて定期的に見直すこととしている。

資料：棒グラフと実線の高齢化率については，2015 年までは総務省「国勢調査」，2018 年は総務省「人口推計」（平成 30 年 10 月 1 日確定値），2020 年以降は国立社会保障・人口問題研究所「日本の将来推計人口（平成 29 年推計）」の出生中位・死亡中位仮定による推計結果。

出所：内閣府「令和元年度　高齢化の状況及び高齢社会対策の実施状況」。

ではないのが在宅医療である。急性期も，回復期も，慢性期も，終末期も，す
べてを在宅でみる事ができ，長い目で見ると予防も在宅の重要なポジションで
ある。地域包括ケアシステムの浸透がされると共に，在宅の機能も見直される
必要があると考えられる。

　地域包括ケアシステムのキーともいわれる訪問看護は，医療と暮らしの視点
を合わせたマネジメントができ，24時間，365日，自宅への訪問を行い，医療
とケアの両方を提供できることから，高齢者のみならず身体が不自由な方々の
望む自宅での生活を支えるための大きな役割を担っていると考えられる。ま
た，訪問看護ステーションが重度な医療ケアを実施し，24時間体制を維持し
ながら経営の安定化を図るためには，管理者が必要とされる経営能力を習得し
たうえで，訪問看護ステーションの人員を増やし，大規模化を進めていく事が
重要であると言われている。

　今回，筆者が経営する訪問看護ステーションと居宅介護支援事業所を取り上
げ，近年，在宅医療と介護が重要視される現状において，この2事業の運営に
当たっての課題を明らかにしたうえで，今後の経営戦略を検討する。

4．訪問看護制度の概要

　「訪問看護とは，看護師などが居宅を訪問して，主治医の指示や連携によ
り行う看護（療養上の世話又は必要な診療の補助）である。病気や障がいが
あっても，医療機器を使用しながらでも，居宅で最期まで暮らせるように多
職種と協働しながら療養生活を支援します。主な内容としては，・健康状態
のアセスメント・日常生活の支援・心理的な支援・家族等介護者の相談，助
言・医療的ケア・病状悪化の防止（予防的看護）・入退院時の支援・社会資
源の活用支援・認知症者の看護・精神障がい者の看護・リハビリテーション
看護・重症心身障がい児者の看護・エンドオブライフケアなど」（日本訪問
看護財団HPより）。

　平成3年10月に老人保健法の改正により老人訪問看護制度が創設され，平
成4年4月1日から在宅の寝たきり老人等に対して，老人訪問看護ステーショ

ンから訪問看護が実施された。平成6年10月1日から健康保険法等の改正により，老人医療の対象外の在宅の難病児・障害児者などの療養者に対しても，訪問看護ステーションから訪問看護が実施された。老人保健法，健康保険法などに基づく訪問看護サービスは，老人医療受給者のみではなく，すべての年齢の在宅療養者に訪問看護を提供できるようになった。平成12年4月からは，介護保険法の実施に伴い，在宅の要支援者，要介護者等に認定された人に対する訪問看護の提供となり，介護保険からの給付が最優先になるが，別に厚生労働大臣が定める疾病等は医療保険における訪問看護の提供を行う。平成20年4月からは，老人保健法による老人医療制度は，高齢者の医療の確保に関する法律による後期高齢者医療へ移行となり，老人訪問看護も後期高齢者医療制度へ引き継がれた。

　全国的にみると，訪問看護ステーションの数は増加傾向にあり，平成20年時点で5,479カ所あったステーション数が平成30年には，9,676カ所まで急増している。弊社は平成24年4月に開業した訪問看護ステーションであり，当時，すでに居宅介護支援事業所を併設していた。

　元々，病院や診療所等の医療法人に附属してあった訪問看護領域であったも

図表 6-3　訪問看護事業所数推移

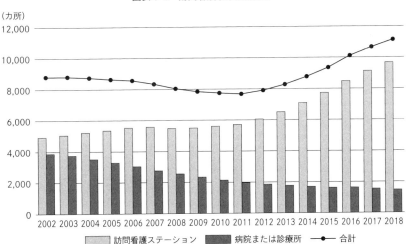

出所：厚生労働省 訪問看護 意見交換資料。

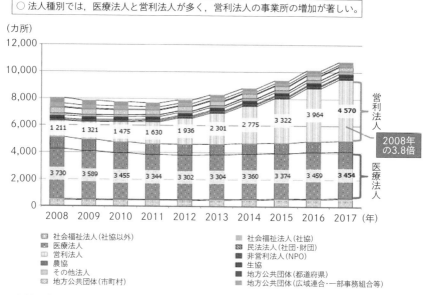

図表6-4　法人種類別訪問看護ステーション数推移

○ 法人種別では，医療法人と営利法人が多く，営利法人の事業所の増加が著しい。

出所：厚生労働省1H20.3.29訪問看護　意見交換。

のが，徐々に看護師が起業できる分野として医療法人から独立していった経緯
がある。したがって，医療法人の訪問看護ステーションは徐々に縮小傾向，ま
たは減少しているのに対し，民間法人や営利法人の訪問看護ステーションが増
加傾向にある。平成20年度と29年度で比較した場合，約3.8倍の数となって
いる。

　起業には，様々な条件設定があり，人員配置規定として常勤換算2.5名が必
要となる。0.5名分は管理業務を行う管理者が入っている為，プレーイングマ
ネジャーである管理者は0.5名分の管理者と0.5名分の看護師人員換算となる
為，実際には管理者以外に2名分の常勤換算が必要になる。弊社も，訪問看護
ステーションとしては最低人員基準の，2.5名から起業している。リハビリ職
としては，理学療法士（PT）が常勤で1名，居宅介護支援事業所としてケア
マネージャーが1名の全部で5名，3職種が集まっての事業展開となっていた。

　訪問看護ステーションは，3人で起業できる事もあり，小さい人数で立ち上
げられ，そのまま継続している為に常勤換算が5人未満と，5人以上で約半分

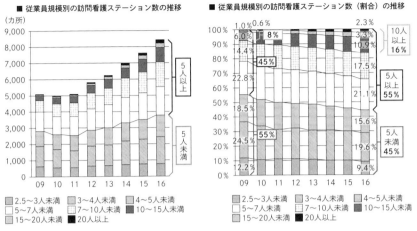

図表 6-5　訪問看護ステーション数の推移

出所：介護給付費（等）実態調査（統計）。

となっている。その中で，5人以上の訪問看護ステーション中で大規模化を図れる事業所は16%にとどまっている。

　平成26年度より，医療保険による機能強化型訪問看護療養費が新設され，その後，段階的に3種類の機能強化型訪問看護療養費の設定がされるようになった。

　いずれも，常勤看護職員の人数設定をしており，大規模化を目指す目的の1つにもなっている。機能強化型訪問看護療養費の申請には，他にも要件があるが，その1つに居宅介護支援事業所の併設もあり，その点では弊社はクリアできている事になる。しかしながら，他の重症度の高い利用者の受け入れ人数や，ターミナルケアの受け入れについては難しい状況である。その一因として，小児の受け入れをしておらず，成人のみで対応している為にターミナルケアまたは重症児の受け入れの要件の際，選択肢がターミナルケアしかなくなる。そして，在宅看取りの数が要件を満たすほどのものにならない。近隣に大学病院が多くある事で，何かあった時には大学病院の入院を求めてしまい，在宅看取りを選択しない方々が多い事も要因になっている。それらを考慮した場合，2020年に新設された，機能強化型3を目指しつつ大規模化を図る事が目標となる。

図表 6-6　機能強化型訪問看護ステーションの要件

（参考）機能強化型訪問看護ステーションの要件等

	機能強化型1	機能強化型2	機能強化型3
	ターミナルケアの実施や、重症児の受入れを積極的に行う手厚い体制を評価	24時間対応体制加算の届出＋休日、祝日等も含めた計画的な訪問看護の実施	地域の訪問看護の人材育成等の役割を評価
月の初日の額※1	12,530円	9,500円	8,470円
看護職員の数・割合※2	常勤7人以上（1人は常勤換算可）、6割以上	5人以上（1人は常勤換算可）、6割以上	4人以上、6割以上
24時間対応			
重症度の高い利用者の受入れ	厚生労働大臣が認める疾病の利用者　月10人以上	厚生労働大臣が認める疾病の利用者　月7人以上	厚生労働大臣が認める疾病の利用者、精神科重症患者 or 複数の訪問看護STが共同して訪問する利用者　月10人以上
ターミナルケアの実施、重症児の受入れ※3	以下のいずれか。 ・ターミナル　前年度20件以上 ・ターミナル　前年度15件以上 　＋重症児　常時4人以上 ・重症児　常時6人以上	以下のいずれか。 ・ターミナル　前年度15件以上 ・ターミナル　前年度10件以上 　＋重症児　常時3人以上 ・重症児　常時5人以上	
介護・障害サービスの計画作成	以下のいずれか。 ・居宅介護支援事業所を同一敷地内に設置 ・特定相談支援事業所or障害児相談支援事業所を同一敷地内に設置＋サービス利用支援利用計画or障害児支援利用計画の作成が必要な利用者の1割程度について、計画を作成。	以下のいずれか。 ・居宅介護支援事業所を同一敷地内に設置 ・特定相談支援事業所or障害児相談支援事業所を同一敷地内に設置＋サービス等利用計画or障害児支援利用計画の作成が必要な利用者の1割程度について、介護サービス等計画を作成	
地域における人材育成等	地域住民等に対する情報提供や相談、人材育成のための研修の実施（望ましい）		以下のいずれも満たす ・地域の医療機関や訪問看護STを対象とした研修　年2回 ・地域の訪問看護STや住民等への情報提供・相談の実績 ・地域の医療機関の看護職員の一定期間の勤務実績
医療機関との共同			以下のいずれも満たす ・退院時共同指導の実績 ・併設医療機関以外の医療機関を主治医とする利用者が1割以上

※1：機能強化型訪問看護管理療養費を届け出ていない場合、7,440円。

※2：看護職員（保健師、助産師、看護師、准看護師）の割合は、看護師等（看護職員、理学療法士、作業療法士、言語聴覚士）に占める看護職員の割合。令和3年3月末までの経過措置あり。

※3：重症児の受入れ数は、15歳未満の超重症児および準超重症児の利用者数を合計した数。

出所：中医協資料。

　介護保険では，機能強化型訪問看護療養費などの設定がない為に，基本療養費の底上げができず，加算によって収益の差別化を図るしかない。ここでは，初回加算を含む加算関係を漏れなく取る事に注力しなくてはならないが，3年ごとに介護保険法が改定される為に法制度にスタッフ全体がついていかれていない事もある。介護保険から医療保険に移行させる事項としては，がん末期か厚生労働大臣が定める難病である必要があり，その知識も常に持ち続けなくてはならない。

　弊社の介護保険，医療保険の割合は7：3となっているために，近隣の競合他社と収益部分で差別化するには，医療保険の割合を少しでも増やし，機能強化型訪問看護療養費の申請ができる事が有効だと考えられる。

5．事業ドメイン定義

5.1　ドメイン

　社名である「ステラ」はイタリア語，英語等で星を意味する単語の stella というラテン語から由来する。これは，地域住民の在宅生活を導く，「道しるべ」の星となる事を目指したものである。看護師やセラピスト（療法士），ケアマ

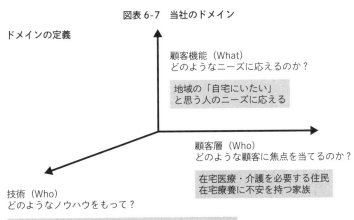

図表 6-7　当社のドメイン

ドメインの定義

顧客機能（What）
どのようなニーズに応えるのか？

地域の「自宅にいたい」
と思う人のニーズに応える

顧客層（Who）
どのような顧客に焦点を当てるのか？

在宅医療・介護を必要する住民
在宅療養に不安を持つ家族

技術（Who）
どのようなノウハウをもって？

看護師・理学療法士・作業療法士・ケアマネージャー
の専門職の知識と経験

出所：筆者作成。

ネとそれぞれの視点があり，方向性が違うかもしれないが，それぞれの良さを活かした星になり，共に歩んで行きたいと思った。

そこから，当時は「その人が望む生き方をサポートする」という理念を掲げていた。これは，疾患があっても，障碍があっても生きていく方法を選んでもらい，それに寄り添ってサポートする事を意味していた。当然，生きていく方法だけではなく，死に方も選んでもらい，それに寄り添う。しかしながら，もっと根本的なものとしては，自分で生き方や死に方を選ぶのは当然で，自宅にいるのは当然の事だと感じた。そこから，「自宅にいたい，と思うすべての人に寄り添う事が大事なのではないか」と思うようになった。これを企業理念とし，ミッションを「自宅にいる事を当たり前にする」とした。病気をした途端，障碍を持った途端に自宅から出なくてはならないのではなく，一時期入院したとしても，帰って来るところが自宅である事を当たり前にしなければならない。

また，ビジョンとしては，病院や施設に行く事が当たり前ではなく，自宅にいることが普通である社会の確立が必要だと思われる。

5.2　株式会社ステラの外部環境

主要訪問エリアは，東京都千代田区全域と新宿区の一部，文京区の一部，中央区の一部である。千代田区は，東京23区の中でも都市中心部であり，大学や企業，公官庁が多くある場所であり住民は23区内で最下位。それも，22位の中央区が168（千人）に対し23位の千代田区は66（千人）と桁が変わる程の人口が少ない区である（東京都の統計：2020年）。皇居が広い敷地を占めており居宅地域としての面積は小さく，居住者も少ない。その中でも，番町，平河町地域は日本全国の住宅地地価ランキングで上位を占める割合の多い地域である。国会議事堂や首相官邸を含む公官庁が立ち並び，近隣マンション等には議員や議員関係者，有識者等が居住している事が多い。北側の神田地域では，秋葉原や神田神保町などがあり昔ながらの下町情緒が残っている反面，元々商人をされていた方々がその土地にビルを建て，階下を賃貸に出し最上階に居住されている方も少なくない。また，飯田橋地域は新宿区神楽坂や市ヶ谷に接地している事から新しいマンションの建設が多く，人口が増えている地域になっ

ている。

　千代田区の他，新宿区は神楽坂，市ヶ谷近隣は事業所からの距離が近い事も
あり，訪問地域に入れている。同じ理由で文京区本郷，小石川，後楽等も訪問
地域になっている。

　千代田区内の大学病院は日本大学病院，東京歯科大学水道橋病院，日本歯科
大学附属病院があるが，総合大学病院としては日本大学病院1つである。しか
し，すぐ近くの文京区には順天堂大学附属順天堂医院，東京医科歯科大学病院，
日本医科大学付属病院，隣の新宿区には東京女子医科大学病院や東京医科大学
病院，慶応大学病院。隣の港区には国際医療福祉大学三田病院，慈恵医大病院
もあり有数の大学病院に囲まれた地域である。

　ただ，大学病院は地域住民もさる事ながら遠方より来院される患者も少なく
ない為，大学病院だけにターゲットを絞るのは得策ではない。近隣クリニック
や，近隣の往診専門クリニック，中小病院を含める他事業所との連携を深め，
現時点での連携実績は80病院を超えている。

5.3　株式会社ステラ内部環境

　設立は営利法人，株式会社の設立後に2012年4月1日より訪問看護ステー
ションと居宅介護支援事業所を開設した。訪問看護ステーションは常勤換算
2.5人の人員基準の最低ライン。居宅介護支援事業所のケアマネも1名と最低
人員基準でオープンした。当時，千代田区内には訪問看護ステーションが4か
所しかなく需要があると見込まれた。徐々に大手企業が介護事業に参入し，サ
テライトを拡散するなどして訪問看護ステーションは増えていった。元々，中
央区を拠点として広げてきた企業から，合併の話を持ち込まれた事もあった
が，社長や副社長と話している限り目指すものが違う事や，見下した物言いに
嫌気がさし，合併どころか連携さえも拒むようになっている経緯もある。

6．財務分析

　2012年開設時は，マンションの30平米弱の敷地でオープンした。自転車置
き場はマンション共有の部分を借り，できるだけ経費がかからない状況を作っ

図表 6-8　当社の売上高推移

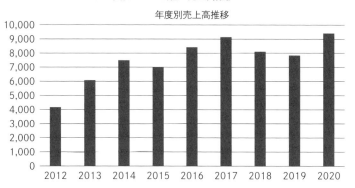

年度別売上高推移

出所：筆者作成。

た。マンションの一室を借りる事で一般ビルの敷金礼金よりも低い金額で抑える事ができ，事務所開設の初期費用を抑える事ができた。しかし，職員の人数が増えていくと共に，事務所としての敷地面積や自転車置き場の確保する必要があり，2013 年に近隣のビルの 1 階に転居した。60 平米の事務所兼自転車置き場を確保し，雨の日も濡れずに準備ができ，快適な環境から訪問に出かけられるようにした。以前は，マンションの一室であった事から，夏場の暑い時に訪問から帰ったらシャワーを浴びられるような環境にあったが，結局のところ誰もそのような事はしなかった為に，オフィスビルに移る事でのデメリットは

図表 6-9　当社の年度別 10 月の訪問回数推移

月毎訪問回数の推移（10 月）

出所：筆者作成。

ほぼなかった。

　2012年の開設当初より，小さい規模でありながら黒字経営が実現できていた為，事務所の移転に伴う費用は捻出でき，賃貸ビルの保証金6か月分も支払う事ができるようになっていた。人数が増え，賃貸ビルの敷地が広がる事により，経費がかなりかかるようになった為，その分の利益を追求するべく営業活動と訪問に尽力した。

　年度別の売上高推移は，極端に下がる事なく黒字経営を維持できている。訪問回数別の推移としては，1か月の延べ訪問数が700を下回る事はなく，近年は800から900回を超えている。

　厚生労働省が打ち出す「延べ訪問回数別の収支差率」を当てはめてみると，常勤換算が4.5～5.2人のレベルであっても600回を超す訪問ができ，現在の常勤換算7人弱の状態であっても800回を超している為，収支差率は高くなる事が示唆される。また，他社の訪問看護事業者の経営指標では，売上1億以下の事業所と比較しても営業利益率，経常利益率共に平均よりも上回る結果を出せている。

図表6-10　延べ訪問回数別収支差率

	100回以下	101～200回	201～300回	301～400回	401回以上
施設数	56	153	157	86	146
収入に対する給与費の割合	83.8%	82.4%	79.0%	76.7%	73.1%
収支差率	-5.6%	-1.6%	2.0%	4.4%	9.3%
延べ訪問回数	57.9回	153.9回	241.6回	342.6回	657.1回
常勤換算職員数 （常勤率）	3.8人 (77.1%)	4.3人 (74.0%)	6.0人 (72.8%)	7.3人 (69.3%)	11.1人 (71.9%)
看護職員常勤換算数 （常勤率）	3.1人 (75.6%)	3.6人 (73.4%)	4.5人 (72.4%)	5.2人 (67.8%)	7.0人 (68.0%)
常勤換算職員 1人当たり訪問回数	15.4回	35.8回	40.6回	47.0回	59.3回
看護職員（常勤換算） 1人当たり訪問回数	18.7回	43.2回	53.4回	65.4回	93.5回

　出所：厚生労働省「医療と介護の連携に関する意見交換」。

7．環境分析

7.1　PEST分析

　弊社のPEST分析を用い，マクロ環境要因を洗い出し，在宅医療・介護業界のマーケティング環境把握を行った。

図表6-11　PEST分析

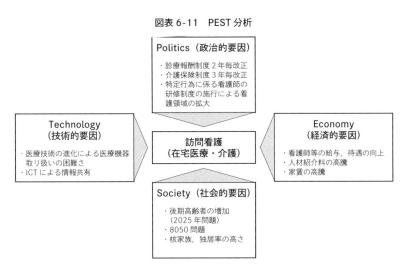

出所：筆者作成。

7.2　SWOT分析

　SWOT分析を行い強みと弱み，外部環境の機会と脅威についてまとめた。

7.3　3C分析

　外部環境としては，高齢者の増加や，在宅医療の推進事業による需要の増大が見込まれる。一方で，在宅医療・介護の業界は起業しやすい傾向にある為，ここ数年で近隣に訪問看護ステーションが参入してきている。内部環境としては，小さいながらも多職種が在籍する事で，幅広いケアが専門的に提供できるものの，慢性的な人手不足の状態が続き，スタッフが疲弊する事で定着率が下がり悪循環になっている。スタッフの定着率を上げるべく，労働環境を整えつ

図表 6-12　SWOT 分析

	プラス要因	マイナス要因
内部環境	①強み（Strength） ・看護師，セラピスト，ケアマネジャー間の連携が良い ・居宅介護支援事業所を併設している ・株式会社である為，機動的な意思決定ができる ・在宅医療に積極的な医師と連携している ・24 時間対応体制加算をとっており，24 時間対応が可能 ・管理者のリーダーシップが強い	②弱み（Weakness） ・慢性的な人材不足（定着率が低い） ・求人が人材紹介会社頼み ・管理者の訪問業務が多くマネジメント業務まで手が回らない ・管理者が多忙な為，職員と個別に面談する機会がとれない ・職員を採用しても，すぐに利用者数は増えない ・難しい処置などを必要とする利用者が増加し，職員が疲弊
外部環境	③機会（Opportunity） ・要介護者，認知症高齢者の増加による訪問看護の需要増大 ・国の施策による在宅医療・介護の推進 ・入院患者の平均在院日数が短縮傾向 ・自宅での看取りに対する意識の高まり ・大学病院を含む，有数の病院が近隣にある	④脅威（Threat） ・社会保障制度の改定 ・看護師等専門職の人材不足による人件費の高騰 ・人材紹介料の高騰 ・軽度療養者（要支援：予防介護）の報酬減 ・在宅でも高度な医療を求められる事へのリスク増加 ・近隣エリアで訪問看護ステーションが増加

出所：筆者作成。

つ人員を増大させ，新規依頼を断らず「いつでも助けになってくれる事業所」
を目指す事で，競合他社に負けない経営ができるのではないだろうか。

図表 6-13　3C 分析

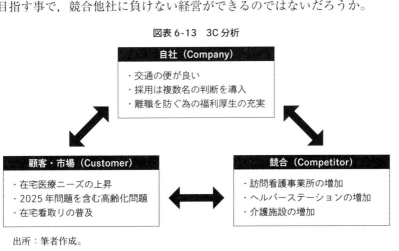

自社（Company）
・交通の便が良い
・採用は複数名の判断を導入
・離職を防ぐ為の福利厚生の充実

顧客・市場（Customer）
・在宅医療ニーズの上昇
・2025 年問題を含む高齢化問題
・在宅看取りの普及

競合（Competitor）
・訪問看護事業所の増加
・ヘルパーステーションの増加
・介護施設の増加

出所：筆者作成。

8．訪問看護ステーションの運営

　開設当初，地域に少ない訪問看護ステーションであった事から，少ない人数ながらも，それなりの依頼があり管理者としてだけでなく現場職員として積極的に訪問に出かけていた。リハビリスタッフも1名，ケアマネも1名と少ない人数ではあるものの，小さい事業所に多職種が在籍している事で興味を持ってもらい，順調に利用者数を獲得できた。しかし，少ない人数で仕事をしていると，緊急当番の他に平日の決まった利用者さんの訪問がある為，休日をとる事が難しく，有給休暇を1日とるというだけで利用者や家族，職員全体で調整をしなくてはならず，スタッフ自体も疲弊していってしまった。できるだけ休みをとれるよう促しても，私自身が全く休めない状況で勤務している事を知っているスタッフは遠慮が先に立ってしまい，休暇を取りにくくなってしまっていた。そして，離職につながってしまった。開設当初からのメンバーが辞めるとは，夢にも思っていなかった為，慌てて求人活動を行い，求人には広告を出すにも，紹介会社を使うにも，相応のお金が必要である事を知った。そして，今までにはなかった非常勤を含む求人活動を積極的に行うようになった。他の事業も同様，簡単に人員が集まる事はないものの，細々と人員を増やす事ができ急な体調変化等で休む事にも対応できるレベルにはなってきた。

　開設当初のメンバーは，他事業所での訪問看護経験は少しあったものの，日中の看護業務だけで疲弊し，オンコールを持つことを拒んでいた。小規模でもあり，著者自身も訪問看護を行って利益を出し，管理業務を行っていた為，帰宅は深夜になる事も少なくなかった。週末には，平日に終わり切らなかった書類仕事を行い，文字通り休みなしでの仕事だった。少しずつ人数が増えた頃から，数日ずつオンコール当番を持ってくれる事になり，まず電話があったら所長に相談，というレベルから教育が始まった。徐々にパターン化している事象については，相談しなくても対処できるようになり，しっかり眠れる日が時々できるようになっていった。しかしながら，管理者である私は母が亡くなり通夜の日であっても，朝早くに出勤し社内のスケジュール調整等を行った末に通夜会場に入る程，休日という丸々一日を仕事以外に使える事は少なかった。

　徐々に育ってきた看護職員も，配偶者の転勤や親の介護，結婚，出産等を契機に職場を離れる事が多く，オンコール当番が持てるようになったところで，またメンバーが変わっていく事を繰り返している。結果，現在では平日でも早々に帰宅することができない為に，月曜日から金曜日まで管理者がオンコール当番を持ち，土日の週末のみを常勤スタッフで回す形をとっている。したがって，常勤が4名いれば月に1週末だけオンコールを持てば良い計算になる。土日の緊急対応等があると休みではなくなってしまう為，代休を求める人や対価で済ませたい人等，様々な主張がある。他事業所では，代休制度を使っているところや，緊急手当てで対応しているところ，常勤だけでなく非常勤もそのターゲットになる施設もあり，今後の課題でもある。

　訪問看護ステーションに就職する看護師が，全体の2％に過ぎず，依然として看護師の多くは病院勤務である。利用者増加による，看護職員の増員は難航し，予定退職が出たとしても補う人員の確保が容易ではない。そのため，職員の退職に伴い利用者を他のステーションへ移って頂く事もあった。新規を断る事と同義で，あのステーションには人がいないから依頼できない，という口コミが出てしまうと，途端に信用も減り新規の依頼も減少してしまう。次に職員の増員ができたとしても，見合う利用者の獲得が困難になる為，絶対に新規の方を断る，特別な事情がない限りは他のステーションに移さない，という事をモットーに運営している。

9．居宅介護支援事業所

　主要事業である訪問看護ステーションは，医療と介護の両面を持ち合わせているものの，居宅介護支援事業所は介護保険のみのサービスになり，介護福祉に特化している事業になる。人員配置の規定はないものの，受け持ち件数に制限があり収益に関しては頭打ちの部分がある。しかしながら，人件費や消耗品などの経費は思いのほかかさばる傾向にあり，居宅介護支援事業所単体での経営は，採算が合わない事が多い。

　2021年度の介護保険改定により，特定事業所加算に加え，特定事業所介護医療連携加算が加わる事で同じ受け持ち件数でも，ベースアップを図る事がで

き増収につながる。このように，居宅介護支援事業所においても，国の方針として医療と介護の連携を推進しており，訪問看護と併設している事にメリットがあるのではないかと考える。

しかし，著者が訪問看護に注力している分，居宅介護支援事業所は担当ケアマネに任せてしまっており，加算に対する認識が薄い為に積極的かつ能動的な取り組みになっていない。

現時点では，訪問看護のサポートとしての役割が大きいように思われるが，こちらも増員しつつ意識改革をしていかなければならない。

10. 考　　察

10期を迎えた訪問看護ステーションと居宅介護支援事業所は，1つの節目を迎えている。一番小さな集合体から始まった事業所を，徐々に拡大し安定させる事につながり，地域での知名度も上がり，地域包括支援センターや地域病院，診療所，介護支援専門員にも信頼してもらえる事業所として認識されてきた。しかし，看護師の疲弊が続いていては，看護の質は低下し，さらに退職者を出す事にもなる。常勤看護師だけでなく，得意分野や就業できる時間の異なる非常勤看護師の採用で，さらなる信頼を得られる事業所になるのではないだろうか。

内部環境，外部環境を分析した結果，訪問看護ステーションの経営拡大を図るためには，現在よりも医療保険の領域を拡大させる事が重要だと推察できた。医療保険の領域でも，神経難病や精神科訪問看護の拡大により，近隣他社との差別化を明確にできる。さらには，機能強化型訪問看護ステーションとしての位置づけをする事によって，更なる差別化を図る事ができる。

居宅介護支援事業所の位置づけとしても，医療と介護の連携を進める事で加算を申請する事ができ，近隣の事業所との差別化を図り，法人全体の底上げができると考えられる。

11. おわりに

　考察により，弊社は医療保険領域の拡大を図り，医療と介護の連携を強化させる事が経営戦略としては有効だと思われる。

　政策としても在宅医療を推進する動きがある中で，医療依存度の高い神経難病，癌末期，精神疾患の利用者拡大する事で医療の立場である訪問看護ステーションの安定経営が図れると考えられる。また，神経難病や癌末期の利用者であると同時に，介護保険を利用する事が多く居宅介護支援事業所の存在が必須となる。2事業所共に医療に強い事業所とする事で，周囲の競合他社との差別化を図る事ができると考えられる。

（三橋　馨）

[参考資料]
図1：厚生労働省 H29.3.22.看取り意見交換 資料−2参考1
図2：内閣府　令和元年度高齢化の状況及び高齢社会対策の実施状況
図3：厚生労働省 H20.3.29 訪問看護　意見交換 資料−3参考1中医協総−3 29.1.11
図4：厚生労働省 H20.3.29 訪問看護　意見交換 資料−3参考
図5：介護給付費（等）実態調査（統計）（各年4月審査分）※訪問看護費の請求事業所数
図6：中医協総 3-7
図10：厚生労働省　医療と介護の連携に関する意見交換　参考資料
羽田明浩（2017），『ナースのためのヘルスケア MBA』創成社，93-123頁。
羽田明浩（2021），『医療経営戦略論』創成社，29-41頁。

第3部

教育に関わる看護師による研究報告

「ひとつの病院の毎日の管理ということは，たいへんに重要でまた難しいことであり，また経験と細心の探求とによる学習がなければ身につかない技術（art）であって，それは他の学問技術におけるとまったく同じことである。それは恋に破れた貴婦人が突然にひらめきを受けて身につけられるような，そんな技術ではけっしてない」（Nightingale 1860，邦訳，第14章「おわりに」より）。

　第3部は，現在教育研修に関わっている看護師経験を有する3人による研究報告を紹介する。

　第7章は，日本赤十字社幹部看護師研修センター専任教師（執筆時，現横浜市立みなと赤十字病院看護副部長）の三好礼子氏による，看護管理者と事務管理者が共に学ぶ研修構築についての紹介である。

　第8章は，国際医療福祉大学教員の石田円氏による，日本の電子カルテシステムの普及に関する研究である。

　第9章は，東京医療保健大学看護学部教員の髙田由紀子氏による，看護トップマネジャーの病院経営への効果をいかに可視化するかの紹介である。

　3人の看護師経験を持つ教育者が述べる研究報告は，大学院修士課程の課題研究，修士論文，博士論文で研究したテーマを記載している。看護師としての経験から大学院への進学動機と取り組んだ研究内容について述べている。これから研究職や教職を目指す方にとって多くのことが学べるものと思われる。

第7章

看護管理者と事務管理者が共に学ぶ
研修構築を目指して

1. はじめに

　看護職の倫理綱領[1]には,「看護職は,常に,個人の責任として継続学習による能力の開発・維持・向上に努める」とある。これは日々進歩する医療,そして社会の変化に対応していくために,専門職として学び続ける責任があることを明示している。そのため,看護職は常に質の高い看護サービスの提供を目指し,さらに看護管理者はその看護サービスを提供するための看護管理実践能力を培うために研鑽を積んでいる。

　昨今,わが国の少子・高齢化による疾病構造の変化や国民医療費の増大等から各医療施設の経営が厳しい現状である。その中で,看護管理者は質の高い看護サービスの提供と共に経営参画することが求められている。経営参画し組織に貢献するには,看護部門の力だけではなく他職種管理者との協働が欠かせない。そして協働するためには互いの管理実践能力が重要となる。そこで,看護管理者と他職種管理者が共に学ぶことで互いに管理実践能力が高められることを目指したいと考え,研修構築した内容をここで述べる。

2. 日本看護協会認定看護管理者制度について

　公益社団法人日本看護協会認定看護管理者制度は,多様なヘルスケアニーズを持つ個人,家族及び地域住民に対して,質の高い組織的看護サービスを提供することを目指し,一定の基準に基づいた看護管理者を育成する体制を整え,看護管理者の資質と看護の水準の維持及び向上に寄与することにより,保健医

療福祉に貢献することを目的[2]として1998年に発足する。この目的を達成するために日本看護協会は，認定看護管理者に必要な教育課程をファーストレベル，セカンドレベル及びサードレベルと定め，また認定看護管理者の教育にふさわしい条件を備えた教育機関を教育課程ごとに認定している。

　認定看護管理者とは日本看護協会認定看護管理者認定審査に合格し，管理者として優れた資質を持ち，創造的に組織を発展させることができる能力を有すると認められた者と定められている。この認定看護管理者になるためには，看護師として5年以上の実践経験を持ち，そのうち通算3年以上は看護師長相当以上の看護管理の経験があること，そのうえで日本看護協会認定看護管理者教育課程サードレベルを修了している者，もしくは大学院で看護管理に関する単位を取得して修士課程を修了した後に，認定看護管理者認定審査に合格することで取得できる資格である。審査合格後は認定看護管理者としての活動と自己研鑽の実績を積み，5年ごとに資格を更新している。2022年6月現在で，認定看護管理者総数は4,468名で，認定看護管理者教育課程として75教育機関があり，ファーストレベル69課程，セカンドレベル59課程，サードレベル32課程を実施している[3]。

3．認定看護管理者になるまで

　筆者は高校卒業後に伊達赤十字看護専門学校で学び看護師となる。卒業後は隣接する伊達赤十字病院に就職する。看護師として8年間病棟に勤務し，日本赤十字社幹部看護師研修所で1年間，看護管理と看護教育について学ぶ機会を得る。この1年間では様々な授業，演習，実習がある中で「看護論」の演習が最も印象深く，著者が看護を続けていくための原動力となっている。この授業は研修受講者の実践事例を基に看護とは何かを探求していく時間である。筆者自身，また共に学ぶ仲間の実践事例を検討する際には，看護理論家の歴史や理論を紐解きながら，それぞれ実践した看護の意味を考え，その意味づけができた瞬間の充実感は忘れることはない。この学びを通して著者は看護師として看護実践を振り返り，看護の意味づけすることを大切にしたいと思うようになる。

　1年間の学びを経て，病院に戻り看護係長，看護師長として勤務する。看護

師長としては，大切にしたい看護が実践できる部署運営を目指していたが，それだけでは力不足であり，大きな壁にぶつかることになる。大きな壁は筆者が病院経営に関心が向けられていなかったことにある。経営が徐々に悪化し，病院や看護部の方針から看護部や診療科等の管理者にも経営改善に向けての活動を求めている。しかし，当時の筆者は病院経営と部署運営のつながりが理解できず，患者により良い看護や医療を提供するために日々奮闘している上に何を求められているのか，非常に困惑したことを記憶している。このままでは筆者は自身が大切にしてきた管理実践だけでは不十分であることを実感する。そこで，看護管理者としてさらに学ぶ必要があると考え，大学院への進学を決める。勤務していた職場を退職し，日本赤十字看護大学大学院修士課程で看護管理学を学ぶことになる。

　大学院の2年間では看護管理者としての知識不足と視野の狭さに加え先見性や論理的思考の能力が欠けていることを目の当たりにする。看護管理とは何かを探求し，それを実践するために看護管理者に必要な能力も考える機会となる。さらに病院経営に参画するためには，看護師長として何らかの取り組みが必要であると考え，アクションリサーチを用いて研究に取り組む。研究内容は前職の赤十字病院内で看護師長達による経営改善プロジェクトチームを組織化し，看護師長が病院経営の学習をしながら経営改善に向けて現状分析から課題と方向性を導きだす取り組みである。この研究により，看護組織における経営改善に向け9つの枠組みを抽出する。それは「経営状況の認識」「看護体制」「業務整理」「コスト管理」「病院理念の徹底」「看護部の経営参画」「医療連携」「付帯事業」「職員団体」である。プロジェクトによる経営の学習や現状分析を通して，看護師長の経営意識と行動が変化した過程を「看護師長が病院経営に参画する過程－看護の経営改善プロジェクトを通して」をテーマにまとめ修士課程を修了する。その後，認定看護管理者認定審査を経て，認定看護管理者となる。

4．認定看護管理者としての活動

　認定看護管理者の資格を得てからは，所属施設内外での看護管理実践と自己

研鑽に努めることになる。日本看護協会では認定看護管理者のレベル保持のために認定更新審査があり，認定看護管理者は5年ごとにその審査を受ける必要がある。この更新審査には申請の資格があり，日本国の看護師免許を有し，申請時において認定看護管理者であること，さらに申請時において過去5年間に細則に定める看護管理実践及び自己研鑽実績があることと定められている。その細則とは看護管理実践においては看護管理実務時間が2,000時間以上に達していること，認定看護管理者に求められる看護管理能力を発揮していること，自己研鑽実績ではⅠ群の社会活動とⅡ群の研修，学会，研究会への参加及び発表実績が合わせて50点以上[4]のことである。

　筆者は日本赤十字社看護大学大学院修了後に，秦野赤十字病院で3年間看護師長，その後，横浜市立みなと赤十字病院で看護師長，看護副部長として勤務する。認定看護管理者の資格を得てからは，Ⅰ群の社会活動として日本看護協会神奈川県支部での委員会活動，日本運動器看護学会の編集委員，看護師を対象とした看護管理分野に関する研修会の講師等を実施する。Ⅱ群では看護管理に関連する学会や研修会の参加や研究発表等である。この自己研鑽に加えて認定看護管理者に求められている看護管理を実践する。その実践は認定看護管理者の更新審査では，審査対象期間における活動の中で看護管理能力を証明できる取り組みを1つあげ，指定文字数で実践内容を記載し審査を受ける。筆者は2回更新審査を受け，1回目は看護師長の立場で院内で他職種協働による糖尿病チームの構築と患者教育の質向上に向けた活動の推進，2回目は看護副部長として急性期看護補助体制加算の取得変更に伴う経営貢献を実践内容として記述する。

　1回目の実践内容は，他職種で構成するチームを組織化し，糖尿病患者の教育入院の充実やクリニカルパスの修正，地域住民向けの糖尿病教室開催等を行う。このような活動により糖尿病教育入院患者数増加と糖尿病患者の教育の質向上につながることになる。筆者は看護師長の立場であるため主にチームをマネジメントする役割を担う。この活動により他職種と共に活動するうえではチームの目的と目標を明確にすること，各専門職としての価値観を大切にすることを学び，そして医療の質向上と経営の成果を経験する。

　2回目更新の活動内容は，急性期看護補助体制加算50対1から25対1へと

加算取得変更するための取り組みである。この取り組みは筆者が看護副部長の立場で取得要件変更に向けた戦略をあげ，2 つのチームをマネジメントする役割を担う。1 つのチームは，事務管理者達と人事担当看護副部長と筆者により加算取得変更，維持を目的に活動する。変更取得要件の最も重要な看護補助者の人事採用計画の立案，部署配置状況調査に加え経営分析や診療報酬の確認等が主な役割である。もう 1 つのチームは教育担当看護副部長，看護師長と著者で構成し，主に看護補助者教育と業務整理により看護の質向上を目指す。両チームの活動を院内の部長職以上の会議で報告し，急性期看護補助体制加算 25 対 1 へ加算変更し増収となる。このチームをマネジメントしたことで，他職種管理者と共にディスカッションするなかで，資源の活用や管理の難しさを実感する。筆者はこれまで看護部内で人的資源管理としてキャリア支援や教育，職場環境の整備や労務管理等を実施してきている。しかし，診療報酬に関わることでは経営幹部が納得できる提案が必要となる。そのため，人事採用計画を提案するうえで，院内にとどまるのではなく地域の人口動態や労働者，学生等の現状把握と自施設経営分析をし，確実な増収につながる根拠を示すことが重要である。この人事採用計画を立案するプロセスで資源管理の重要性を他職種管理者と共にディスカッションしたからこそ得られた事例である。筆者はこれまでの世界からもっと視野を広げて物事を考えることを学び，他職種管理者からも同様の声が聞かれ，ディスカッションしたことの意義は大きいと考える。

　その後，筆者は赤十字施設の看護管理実践能力向上のためのキャリア開発ラダーレベルⅢを取得する。レベルⅢは部門運営において担当する役割の責任を担うことが到達目標である。評価者は，看護部長と看護副部長そして事務課長であり，評価会では事務課長から筆者の看護管理実践事例からさらに多角的な視点を身につけることの助言をいただく。看護部門ではない管理者にも評価や助言を受けることでも自身を高めることができると身をもって感じる。筆者は，このような経験から他職種管理者の管理実践や教育に関心を持ち始める。

5．日本赤十字社における看護管理者教育について

　筆者は令和元年から看護管理者教育機関である日本赤十字社幹部看護師研修センターの専任教師として勤務している。日本赤十字社の事業の 1 つに看護師等の教育がある。看護師等の教育では，赤十字精神に基づき国際人道法や災害看護を学び豊かな人間性と看護に関する幅広い知識・能力を備えた人材を育成することを目的としている。この看護師の養成は，日本赤十字社が 120 年以上前から行っている事業である。戦時救護に携わる救護看護婦の養成からスタートし，保健医療をはじめ災害救護，国際救援などの分野を学ぶことで，赤十字看護師として赤十字の精神と技術を身につけ，国内の臨床現場，海外の国際救援等で力を発揮している。さらに看護管理者の育成も約 110 年の歴史がある。この育成は 1907（明治 40）年に看護婦長の教育を開始し，戦後の混乱のなか一時教育を中断し，1952（昭和 27）年に日本赤十字社幹部看護婦教育部として看護指導者の教育を再開する。1963（昭和 38）年には日本赤十字社幹部看護婦研修所として教育体制を確立する。平成 15 年から日本赤十字社幹部看護師研修センター（以下，「研修センター」）と改称し，豊かな人間性の育成，教育力の強化などを大切にしている赤十字看護管理者育成の軸を残しながら，日本看護協会の認定看護管理者教育課程に対応した段階的な研修体制を構築する。そして，現在に至るまでに看護管理者，看護教育者を育成し，その多くは赤十字での活躍はもとより，看護界の発展に大きな役割を果たしている。

　研修センターは，赤十字の理念である「人道」に基づき，豊かな人間性を養い，組織の推進者，変革者として活躍できる看護管理者の育成を目指している。日本看護協会の認定看護管理者教育機関の認定を受けた研修や厚生労働省承認の実習指導者講習会，災害看護管理を含めた日本赤十字社独自の研修を行っている。教育理念は，赤十字の理念である「人道」に基づき，組織の推進者・変革者として，独創性と創造的な管理実践能力を持って活躍できる人材を育成する。主な研修コースは赤十字看護管理者研修Ⅰ・Ⅱ・Ⅲであり，日本看護協会認定看護管理者研修ファーストレベル・セカンドレベル・サードレベルの教育内容を含めている。研修センターでは各研修コースの教育目的にはそ

図表 7-1　赤十字看護管理者研修と日本看護協会認定看護管理者教育課程の教育目的

赤十字看護管理者研修Ⅰ	日本看護協会認定看護管理者教育課程ファーストレベル
赤十字人としての豊かな人間性を培い，社会の変化に対応する質の高い看護サービスを提供するために，部署運営の責任の一端を担う者として看護管理に関する基本的な能力を高める。	看護専門職として必要な管理に関する基本的知識・技術・態度を習得する。
赤十字看護管理者研修Ⅱ	日本看護協会認定看護管理者教育課程セカンドレベル
赤十字人としての豊かな人間性を培い，組織の理念を具現化した組織づくり・組織運営のために，中間管理者の役割を創造性もって遂行できる実践能力を高める。	看護管理者として基本的責務を遂行するために必要な知識・技術・態度を習得する。
赤十字看護管理者研修Ⅲ	日本看護協会認定看護管理者教育課程サードレベル
赤十字の理念を基本とし，赤十字事業を推進すると共に，施設の価値を高め，組織の維持・発展を図り，保健医療福祉サービスの向上に向けて，先見性・創造性をもって施設内外で活動できる能力を高める。	多様なヘルスケアニーズをもつ個人，家族，地域住民及び社会に対して，質の高い組織的看護サービスを提供するために必要な知識・技術・態度を習得する。

出所：日本赤十字社幹部看護師研修センター，日本看護協会。

れぞれ求められている能力を謳い，日本看護協会の各教育課程と合わせてカリキュラムを構成している。

　各教育課程の教育目的から赤十字看護管理者として求められている能力を身につけるために，特徴的なカリキュラムとして看護管理実習Ⅰ・Ⅱを組んでいる。

　この看護管理実習は，1952（昭和27）年の看護教育者の指導再開時から現在まで，目標や内容を改定しながら継続している。実習は数日から数週間，他医療施設で実習目的，実習目標達成に向けて管理実践のシャドーイングやインタビュー，見学等を行う。研修生は実習施設での体験により，これまで座学で学んだ知識が統合され自身の管理実践能力の向上につながる。この看護管理実習だけでなく，看護観，看護管理観，論理的思考等の看護管理者としての能力向上，そして赤十字看護管理者として赤十字事業を推進するうえで重要となる単元もカリキュラムに含まれている。このカリキュラムは時代背景や赤十字医療施設の看護管理者の現状と課題から数年ごとに検討し，改正している。

図表7-2　赤十字看護管理者研修と日本看護協会認定看護管理者教育課程のカリキュラム

赤十字看護管理者研修Ⅰ	赤十字看護管理者研修Ⅱ	赤十字看護管理者研修Ⅲ
〈ファーストレベル〉	〈セカンドレベル〉	〈サードレベル〉
・ヘルスケアシステム論Ⅰ	・ヘルスケアシステム論Ⅱ	・ヘルスケアシステム論Ⅲ
・組織管理論Ⅰ	・組織管理論Ⅱ	・組織管理論Ⅲ
・人材管理Ⅰ	・人材管理Ⅱ	・人材管理Ⅲ
・資源管理Ⅰ	・資源管理Ⅱ	・資源管理Ⅲ
・質管理Ⅰ	・質管理Ⅱ	・質管理Ⅲ
・統合演習Ⅰ	・統合演習Ⅱ	・統合演習Ⅲ
・看護管理特講Ⅰ	・看護管理特講Ⅱ	・看護経営研究
・看護教育特講Ⅰ	・看護教育特講Ⅱ	・看護教育特講Ⅲ
・看護管理実習Ⅰ	・看護管理実習Ⅱ	・赤十字特講Ⅰ
・赤十字科目Ⅰ	・赤十字科目Ⅱ	・赤十字特講Ⅱ
・特別講義，課題研修	・特別講義，課題研修	・特別講義，課題研修

出所：日本赤十字社幹部看護師研修センター。

　研修センターで研修受講した看護管理者達は自施設や地域で，看護管理者として自施設や自部署の運営，経営参画，事業の推進，そして赤十字看護師の育成等で活躍している。このような管理実践は看護管理者に留まらず，他職種管理者も共に学び実践することで組織貢献につながると考える。以前，研修センター内で，他職種管理者にも研修対象者を拡大する検討をしたこともある。ただ，研修対象者の拡大は，これまで刻んできた看護管理者教育の歴史を変えていくため容易ではない。しかし，社会背景の変動と共に医療施設に求められる力を身につけるためにも，研修センターでの管理者育成は変化していくことも必要と考える。

6．国際医療福祉大学大学院での学び

　筆者は医療施設で看護管理者として，様々な資源の活用や管理に自身の課題があると感じている。また，研修センターで専任教師をして，看護管理者と共に他職種管理者が学ぶ研修について考えるようになる。これらの自己の課題と管理者教育について学ぶため，国際医療福祉大学大学院医療経営管理分野h-MBAコースに入学する。このh-MBAコースでは，医師，看護師，薬剤師，医療事務職員，医療機器メーカー勤務の方等，様々な職種の方が院生であり，

授業やゼミでディスカッションする機会がある。院生生活は経営戦略や政策，財務等の授業，ケースメソッドがあり，そしてゼミではそれぞれの職種の研究課題，ビジネスプランや事業計画等により知識の幅が一気に広がり，さらに自己の研究課題を探求する2年間となる。筆者はこれまで関心があった事務管理者の人材育成について研究課題とする。看護管理者教育機関における人材育成の拡大をテーマに，看護管理者と事務管理者が共に学ぶことができる研修構築について検討した内容を次に述べる。

7．看護管理者教育機関における人材育成の拡大

7.1　取り組みの背景

　わが国の病院経営を巡る環境が年々変化している。人口減少に伴い，少子・高齢化による疾病構造の変化，国民医療費の増大等から病院経営が厳しい現状である。2019年9月には厚生労働省が全国の公立・公的病院の約25％に当たる病院について，再編統合について特に議論が必要とする分析をまとめ，病院名が公表されたことにより病院経営が脅かされる事態となった。一方，厚生労働省の医療施設経営安定化推進事業の平成26年度から平成30年度病院経営管理指標を見ると，医業損益における黒字病院の割合は増えてきている。わが国の病院経営が悪化している状況とはいえ，各病院では何らかの経営戦略に着手していると捉えることができる。

　各医療施設で経営戦略に取り組むにあたり，経営者や管理者にその手腕が求められる。井上（2017）[5]は，病院経営を成功に導くために求められる経営者が身につけるべき素養と視点に，病院の戦略とマネジメント，医療政策と診療報酬について，その内容を理解することは必要であると言う。このような知識や技術を病院経営者や管理者が持つための教育は重要である。そして柴田他（2003）[6]は，日本看護協会認定看護管理者教育課程サードレベルを修了した看護部長の看護管理者教育で学習した知識・技術の有用性について明らかにしている。この教育課程で学習した，経営管理，医療経済，財務，会計の知識，マーケティングに関する知識がきわめて有用であると述べている。また，溝口・青山（2015）[7]は，先に述べた同じ教育課程で，財務知識を習得した看護管理者

が経営参画していることを明らかにしている。このような学習の機会として全国に日本看護協会を含め看護管理者教育機関が多数あり，看護管理者達が同じカリキュラムで学習している。

　看護管理者以外の他職種管理者の育成については，山之内・石原（2013）[8]は，病院の事務部門は病院経営の観点からは最も重要な役割を有する部門であると考え，その育成方法や教育内容の確立が課題としている。そして，任他（2013）[9]は，病院事務職員に求められる職務遂行能力として，マネジメント能力や人間性があると明らかにしている。このようなことから病院経営の要である事務管理者等の育成は重要である。

　研修センターでは毎年，約120名の看護管理者等が研修受講する。研修受講後には，研修で培われた能力を自施設や地域で発揮している。日本赤十字社ではこの看護管理者教育を研修センターで実施し，他職種管理者研修等は各施設や本社内でそれぞれが実施している状況である。そこで，赤十字組織のグループメリットを生かし，研修センターで看護管理者と事管理者が共に経営に貢献できる人材を育成する研修構築を目指す。

7.2　日本赤十字社の概要

　日本赤十字社の使命は「苦しんでいる人を救いたいという思いを結集し，いかなる状況下でも，人間の命と健康，尊厳を守ります」である。その使命を果たすために赤十字が取り組む事業がある。それは国内災害救護，国際活動，医療，血液事業，青少年赤十字，赤十字ボランティア，救急法等の講習，社会福祉，看護師等教育の事業である。日本赤十字社本社ではこれらの事業を推進するため，組織図では事業部制に分かれている。その1つに医療事業部があり，医療と看護師等教育の事業を担っている。医療では各都道府県に91の赤十字病院，看護師等教育では看護専門学校11校（2022年4月現在），大学が6校，短期大学1校，助産師学校1校，看護管理者教育に幹部看護師研修センター1施設が設置されている。この医療事業部内の赤十字病院グループには，共通の理念と方針がある。理念は「私たち赤十字病院グループは災害医療・救急医療・地域医療等の面から地域に貢献することを通じて，赤十字使命の実践や赤十字思想の普及啓発に努めてまいります」である。そしていくつかの方針，中長期

目標があり各施設で共有されている。その方針の1つには健全経営がある。日本赤十字社の事業計画書[10]にある全国赤十字医療施設の経営状況の推移では，早急な経営改善が必要な施設がある。また黒字病院であっても厳しい経営状況は同様であり，様々な改善活動を実施している。このように91病院の厳しい経営状況は日本赤十字社として大きな課題であり，そのためにグループメリットを生かした様々な対策も講じている。

7.3　日本赤十字社の医療事業における外部環境分析

　PEST分析の政治的環境要因では，機会として，働き方改革を推進するための関係法律の整備に関する法律が公布され労働時間に関する制度が見直されている。医療界では，良質かつ適切な医療を効果的に提供するため体制の確保から，各施設ではこれを機会に医師の働き方改革を推進していくことになる。このような環境の中で，新公立病院改革ガイドライン[11]では経営感覚に富む人材の登用及び事務職員の人材開発の強化が謳われている。ガイドラインでは医療経営の専門性の高まり，医療をめぐる環境の急激な変化を踏まえると，事務職員の人材開発が急務とある。医療経営の専門的なスキルをもつ事務職員を計画的に育成していくことが日本の医療経営に欠かせないことと捉える。

　次に経済的環境要因では，厚生労働省の医療施設経営安定化推進事業の平成30年度病院経営管理指標[12]から，一般病院の経常損益で黒字病院比率を見ると68.6％，医業損益では58.7％であり，多数の病院が赤字経営の現状である。

図表7-3　PEST分析

項目	Politic（政治的環境要因）	Economic（経済的環境要因）	Social（社会的環境要因）	Technology（技術的環境要因）
機会・脅威	〈機会〉働き方改革の推進 医師の働き方改革の推進 新公立病院ガイドライン	〈脅威〉病院管理指標の年次推移 公的・公立病院の再編・統合	〈機会〉地域医療構想の推進 地域包括ケアシステムの構築 〈脅威〉生産年齢人口の減少 医療事務系大学数少数	〈機会〉ICTを活用した遠隔医療の拡大 テレワークや遠隔教育の需要拡大

出所：筆者作成。

この病院経営管理指標の平成26度からの年次推移では，医業損益における黒字病院の割合は増えてきている。多くの病院が黒字になる経営戦略を持っていることは脅威となる。また，2019年に厚生労働省が全国の公立・公的病院の診療実績等から400余りの病院に再編統合の議論が必要と公表し，この中には赤十字病院もあり運営上非常に厳しい状況であると捉える。

　社会的環境要因では，地域医療構想による各医療施設の機能分化，高齢化社会による医療や介護の需要が高まり地域包括ケアシステムの構築が推進されている。各施設では今後の人口動態や疾病構造の変化等も含め，地域で求められている役割を検討する機会となる。ただ，この社会的要因の脅威としては，文部科学省の18歳人口と高等教育機関への進学率等の推移[13]を見ると，18歳人口は平成4年を境に減少している。人口減による就職人数の確保は難しいが，大学入学者が年々増加していることから，大卒者の社会人率が高まることが予測できる。一方，医療系事務の学問分野となる大学数が少ないため，その専門の能力を身につけた方はごく僅かとなる。そのため就職後の現任教育は重要となることがわかる。

　PEST分析から各医療施設の健全経営に向けては厳しい状況にあるなかで，医療経営の専門スキルをもつ人材育成は重要となる。

7.4　事務職員教育の現状

　医療施設内の事務職員は，事務部門や各課の役割，様々な医療チームの一員として，経営に携わる業務が多く求められている。各医療施設では施設規模にかかわらず全職員の約10％が事務職員[14]である。事務職員は看護師や医師等の医療専門職と異なり，教育背景は様々である。医療経営に関連した教育については，全国の大学における学生数学問分野と学生数から，経営学や会計学等は，全学問分野の5.5％に過ぎない。そのため事務職員の方が必ずしもその分野を学んでいるとは限らない。また，医療事務系の大学学生数はさらに少なく全大学生の0.2％である。そのような知識を習得した方が医療施設に就職しているのはごく僅かである。そうなると，事務職員がキャリアを積んでいくためには，自己研鑽が重要である。日本赤十字社では各職種や職位に期待される主な役割や期待される主な能力を明確にしている。その能力を身につけるために

図表 7-4　全国の大学における学問分野数と学生数

項目	2017 年度	2020 年度
全大学（校）	768	781
全大学における学問分野（数）	8,477	8,691
全大学における経営学・経営情報学・商学・会計学の学問分野（数）	473	484
全学問分野との比率（%）	5.5	5.5
全大学学生（数）	2,89,880	2,916,078
全医療事務系（校）	16	16
医療事務系全大学生（数）	-	5,854
全大学学生数との比率（%）	-	0.2

出所：筆者作成。

も知識，技術を習得する教育は重要である。

7.5　看護管理者と共に学ぶ事務管理者研修カリキュラム構築

　研修センターの理念は「組織の推進者・変革者として独創性と創造的な管理実践能力を持って活躍できる人材を育成する」である。この理念に基づいて，研修コースの1つである赤十字看護管理者研修Ⅲでは，組織の維持・発展を図り，先見性と創造性をもって施設内外で活動できる能力を高めることが教育目的である。そして教育目標は，経営幹部の一員として病院経営に参画できる能力を養うことが掲げられている。この研修受講対象者は看護部長，看護副部長また日本看護協会認定看護者教育課程セカンドレベル修了者である。経営幹部の一員としての能力を培うためにも，現在トップマネジャーとして活動している方，これから活躍される方が研修受講される。

　現在の赤十字看護管理者研修Ⅲのカリキュラムは日本看護協会認定看護管理者教育課程サードレベル（以下，「サードレベル」）のカリキュラム内容を包括し，その内容に加えて赤十字の看護管理者教育機関としての教科目がある。今回，事務管理者研修を構築するうえでは，経済産業省のサービス産業人材育成事業内容を基盤と考える。この事業内容は「医療実務」と「経営技術」の双方に精通する「医療経営人材」育成を目的とし，標準的な教育プログラムを作成している。これは事務管理者として組織貢献するための知識と技術が取得でき

図表 7-5 看護管理者・事務管理者研修カリキュラム

対象	看護管理者		事務管理者
	科目	単元	授業構成
教育内容	ヘルスケアシステム論Ⅲ	社会保障制度・政策の動向 看護制度・政策の動向 ヘルスケアサービスの創造	・医療経営概論 ・制度，政策 ・マーケティング
	資源管理Ⅲ	経営戦略 財務管理 組織的情報管理	・経営戦略 ・会計管理 ・資金管理 ・組織管理
	組織管理論Ⅲ	組織デザインと組織運営 組織における倫理	・オペレーション管理 ・戦略実行の考え方
	人材管理Ⅲ	社会システムと労務管理 看護管理者の育成	・人材管理 ・リスク管理
	質管理Ⅲ	経営と質管理 組織の安全管理	
	統合演習Ⅲ	**演習**	**演習**
	看護経営研究	演習	
	看護教育特講	組織の教育設計　他	
	赤十字特講	赤十字の基本原則　他	

出所：筆者作成。

るプログラムであり，その内容は 1. 医療経営概論，2. 経営戦略，3. マーケティング，4. 技術戦略，5. 制度・政策，6. 戦略実行の考え方，7. 組織管理，8. 人材管理，9. オペレーション管理，10. 会計管理，11. 資金管理，12. リスク管理で構成されている。これらの項目はサードレベルの単元に近いものがあり，現在の医療施設の管理者に必要とされる教育内容であると解釈する。ただ単元の項目の一致だけではなく，研修センターでのサードレベルの各単元の到達目標があり，それらと経済産業省のサービス人材育成事業内容を合わせて検討する必要がある。これらに演習を加え，事務管理者の研修カリキュラムとする。

8. 演習の枠組み

研修センターでの演習とは，研修生間で教育内容のテーマに沿って討議や発表する授業形式のことを言う。この研修カリキュラムの単元「演習」では，こ

図表 7-6　演習の枠組み

	研修前（職場内）	研修中	研修後（職場内）
演習目標	トップマネジャーの視点で経営課題を抽出する	トップマネジャーの視点で経営戦略計画を抽出する	トップマネジャーの立場で，経営戦略計画に則り実践する
行動レベル	・組織内外の情報収集 ・組織分析 ・経営課題の抽出 ・他職種とディスカッション	・経営課題，戦略の明確化 ・経営戦略計画，評価の立案 ・受講生間でディスカッション ・アドバイザーの支援	・経営戦略実践　評価修正 ・課題取り組みの振り返り
期待される能力	概念化能力，対人対応力，分析力，経営意識	戦略的思考力，企画・立案力，批判的思考力，プレゼンテーション力	戦略的思考力，事業継続，目標達成力
職場の支援	・受講者へ研修の動機づけ ・経営課題への情報提供 ・課題に取り組む時間確保	・タイムリーな情報提供 ・研修中の支援	・協力体制 ・課題に取り組む時間確保 ・課題取り組みの振り返り

出所：筆者作成。

れまで得られた知識や技術を活用し，経営幹部の一員として各施設で経営参画することをねらいとする。教育内容は，経営幹部の一員であるトップマネジャーとしての立ち位置で，組織の経営戦略を討議し実践することを中心とする。その単元「演習」の教育内容を4つの項目を基に構築する。

8.1　企業内研修の目的

　研修センターの理念から，組織の推進者，変革者として活躍できる人材育成を目指している。つまりは，研修受講者は研修での学びを自組織で活かすことが期待されている。そのためにも，単元「演習」では得られた知識を仕事に活用できる教育内容をねらう。中原（2014）[15] は企業の研修は，「仕事の現場で成果につながる行動を取ることができることが目的になる」とあり，さらにその目的を詳細分割し「行動目標化」することが求められていると言う。これらのことから，単元「演習」は自施設の経営の成果につながる行動をとることができることを目的とする。そのうえで研修前は「トップマネジャーの視点で経営課題を抽出する」，研修中は「トップマネジャーの視点で経営戦略計画を立案する」，研修後職場に戻り「トップマネジャーの立場で経営戦略計画に則り実践する」を演習目標として掲げる。さらに各時期の目標達成に向けて，行動

レベルの演習内容も提示する。

8.2　研修転移

　成果につながる行動を演習内容として入れるには，講義による知識を得てそれを演習で討議するだけでは習得は難しい。そこで，研修を講義受講のみでやりっぱなしにしないために，中原他（2018）[16] は，研修転移の考えを示している。それは「研修で学んだことが，仕事の現場で一般化され役立てられ，かつその効果が持続されること」「研修の学びが現場で実践され個人の行動変容を導き，組織にメリットをもたらし効果が持続する研修枠組み」と示している。その枠組みを基に横列に研修前から研修後，縦列に演習目標，行動レベル，期待される能力，職場の支援とする。この職場の支援とは，研修受講者の所属長や上長となる方が受講者への研修動機づけ，課題に取り組む環境整備，振り返りによるフィードバック，また同僚の協力を指す。自施設の経営課題は研修受講者一人では取り組むことが難しく，職場の支援が重要である。職場が支援することで，研修受講者と共に経営課題に取り組んでいる意識につながる。この意識こそが，組織のメリットとなり効果が持続する要因と考える。

8.3　戦略的リーダーの育成

　自組織の経営戦略を実践するうえで，戦略的思考力を培うことが重要である。そこで戦略的なリーダー育成の文献から共通するキーワードがある。経済産業省の企業価値向上に向けた経営リーダー人材の戦略的育成についてのガイドライン[17] では，難易度の高いポジションに配置（タフアサインメント）し，職場経験を通じて経営リーダー人材として必要な能力を身につけることをねらいとしていると言い，難易度の高い配置をタフアサイメントとしている。また，鳩野・鈴木（2019）[18] は，管理職の職位にある保健師の管理能力獲得には責任と裁量をもった活動を展開する力が必要で，その責任と裁量について厳しいチャレンジングな業務を実行することと解釈し，タフアサインメントに該当する経験と考察されている。さらに，大嶋（2018）[19] は次世代を担うリーダー育成でアメリカの先進企業を参考に日本でも取り組みされ有力企業となった事例について，人材の選抜→研修→戦略的配置というプロセスで取り組まれ，タ

フアサインメントに就かせる仕組みも必要と考えられている。これらのことから，タフアサインメントを入れた研修内容にすることで，育成の効果が期待できることがわかる。

　演習にはトップマネジャーの視点に立つことを目標として入れることで，研修受講者の多くはタフアサインメントになることが予測できる。演習で研修受講者が部門のトップマネジャーの視点に立つためには，研修受講前の段階で組織を俯瞰してみることから開始する。研修受講者は部門のトップマネジャーの視点に立ち，経営課題を抽出するために根拠となるデータ分析をすること，そして分析には様々な職種や職位の方とディスカッションすることで，現状に即した経営課題を抽出することができる。研修中には，各自の経営課題について事務管理者と看護管理者等とディスカッションし洗練していく。自身が検討してきた経営課題を洗練していくためには，根拠となるデータ提示や論理的思考，そしてトップマネジャーの視点が重要となる。研修中のディスカッションでは，他の研修受講者の経営課題についても意見を問われる場であるため，常にトップマネジャーとしての思考が養われていくと期待できる。

8.4　学習の振り返りによる実践知の獲得

　この研修を受講するには病院経営の成果につながるだけではなく，受講者自身に期待される能力にも結びつく。そのため，個人としての振り返りも重要と考える。看護の振り返りにリフレクションは有効であり，それは事務職員の業務としても同様である。楠見（2014）[20] はホワイトカラーの熟達化を支える実践知の構造として，経験学習態度，批判的思考態度，省察，職場内の暗黙知と形式知をあげている。さらに，個人学習と組織学習の相互作用が実践知の獲得を促進することも言っている。このようなことから，研修受講者と職場の相互作用となる実践について省察することにより，自身の思考や過程を振り返ることで実践知を獲得し様々な能力向上につながると考える。研修後の職場で，これまでの課題取り組みとして実践過程の振り返りを教育内容に含める。

8.5　看護管理者と共に学ぶ事務管理者研修カリキュラム実現に向けて

　構築した研修カリキュラムは実現に向けて段階的に進めていく必要がある。

経済産業省の企業価値向上に向けた経営リーダー人材の戦略的育成についてのガイドラインによると，有識者や企業実務家による議論や数多くの企業へのヒアリング等の調査をした結果，経営リーダー人材の育成のための基本的なプロセスをフェーズ1「ビジョンや経営戦略を実現する上で重要なポストおよび要件の明確化」，フェーズ2「人材の把握・評価と経営リーダー人材育成候補者の選抜・確保」，フェーズ3「人材育成計画の策定・実施と育成環境の整備・支援」，フェーズ4「育成結果の評価と関連施策の再評価・見直し」の構成で段階的な取り組みを示している。この段階を基に看護管理者と事務管理者が共に学ぶ研修の実現に向けて，事業ドメインの変更，そしてフェーズ1から段階を踏んで進めていきたい。

9．おわりに

　刻々と変化する社会情勢の中で，各医療施設の経営維持には管理者達が協働し戦略的に経営課題に取り組むことが要である。そのような状況の中で，看護管理者，他職種管理者は職位に期待される役割を担い，能力を発揮していくことが求められる。能力発揮，維持するには学び続ける場は重要である。看護管理者と他職種管理者が共に学ぶことで，組織貢献につながる教育をこれからも探求していきたい。

（三好　礼子）

［注］
1　公益社団法人日本看護協会「看護職の倫理綱領」。
2　公益社団法人日本看護協会「認定看護管理者規定」。
3　日本看護協会「資格認定制度の経緯」（https://nintei.nurse.or.jp/nursing/wp-content/uploads/2022/07/history202207.pdf）。
4　認定看護管理者「自己研鑽の点数換算表」（https://nintei.nurse.or.jp/nursing/wp-content/uploads/2022/04/CNA_jikokensan_point_2022.pdf）。
5　井上（2017），2-25頁。
6　柴田・井部・小山田（2003），5-16頁。
7　溝口・青山（2015），41-48頁。
8　山之内・石原（2013），15-34頁。
9　任・山本・島名（2009），189-196頁。

10　日本赤十字社事業計画（20220329-77e83f114fad013346b737e050bf5738c7ad4cd3.pdf（jrc.or.jp））。

11　総務省（2015）「新公立病院改革ガイドライン」（https://www.soumu.go.jp/main_content/000350493.pdf）。

12　厚生労働省（2020）「医療施設経営安定化推進事業平成30年度病院経営管理指標報告書」（https://www.mhlw.go.jp/content/10800000/000632645.pdf）。

13　文部科学省（2020）「学校基本統計18歳人口及び高等教育機関への入学者・進学率等の推移」（https://www.mext.go.jp/content/20201209-mxt_daigakuc02-100014554_2.pdf）。

14　「医療施設（動態）調査・病院報告の概況」（https://www.mhlw.go.jp/toukei/saikin/hw/iryosd/16/dl/02_02.pdf）。

15　中原（2014），79-87頁。

16　中原・島村・鈴木・関根（2018），11-53頁。

17　経済産業省（2018）「企業価値向上に向けた経営リーダー人材の戦略的育成についてのガイドライン」（https://www.meti.go.jp/report/whitepaper/data/pdf/20170331001-1.pdf）。

18　鳩野・鈴木（2019），139-145頁。

19　大嶋（2018），146-149頁。

20　楠見（2014），6-15頁。

[参考文献]

井上貴弘（2017）『成功する病院経営—戦略とマネジメント—』ロギカ書房。

大嶋淳俊（2018）「次世代経営人材育成の現状と課題に関する一考察」経営情報学会全国研究発表大会要旨集，146-149頁。

楠見孝（2014）「ホワイトカラーの熟達化をさせる実践知の獲得」『組織科学』48（2），6-15頁。

柴田秀子・井部俊子・小山田恭子（2003）「看護管理における継続教育と・看護管理者に求められる能力—日本看護協会認定看護管理者教育課程サードレベルを修了した看護部長の認識—」『日本看護管理学会誌』7（1），5-16頁。

中原淳（2014）『研修開発入門』ダイヤモンド社。

中原淳・島村公俊・鈴木英智佳・関根雅泰（2018）『研修開発入門「研修転移」の理論と実践』ダイヤモンド社。

任怡君・山本智子・島名正英（2009）「日本における病院職員の能力開発の現状—岡山県内の病院を対象としたインタビュー調査から—」『川崎医療福祉学会誌』19（1），189-196頁。

鳩野洋子・鈴木浩子（2019）「市町村保健師の管理職としての能力獲得に寄与した保健師としての経験」『日本職業・災害医学会会誌』67，139-145頁。

溝口幸枝・青山ヒフミ（2015）「財務知識を習得した看護管理者の経営参画の実際」『大阪府立大学看護学部紀要』21（1），41-48頁。

山之内稔・石原俊彦（2013）「自治体病院における経営人材育成の意義と課題」『ビジネス＆アカウンティングレビュー』12，15-34頁。

第8章
日本の電子カルテシステムの普及に関する研究

1．リカレント・リスキリング

　筆者は2023年の執筆現在，国際医療福祉大学赤坂心理・医療福祉マネジメント学部医療マネジメント学科で教鞭を執り2年目となる。今回，羽田先生からもたらされたミッションは，看護師がMBAになることの意味を1つの事例として抽出することにある。なぜ一介の看護師であった筆者が，看護ではなく経営の分野で，看護師ではなく教員・研究者として生きることになったのか。ここには2つの変化，「リカレント」と「リスキリング」がある。まずはMBAより少し前となるが，「リカレント」のエピソードからお付き合いいただきたい。

2．リカレントがもたらしたもの

　東日本大震災の爪痕の残る2011年秋，筆者は大阪市立大学（現：大阪公立大学）の経済学部の受験を決意した。当初は大学院の医療系プログラムを志望していたのであるが，当時の最終学歴が看護専門学校卒であったため門戸を開くことすらできなかった。そうであれば，一から大学に入り直せばよいのである。振り返ってみれば，無謀な発想としか言いようがない。しかし，配偶者はこの挑戦を止めるどころかむしろ積極的に勧めてくれた。それからは，透析クリニックでのパートの傍ら休憩時間に赤本を解き，とりあえずマンキュー[1]を読むような日々を過ごした。数か月後の入学試験を経て，幸運にも筆者は大学という場に招き入れられたのである。

　2012年春，一回りも年齢が違う現役生とのキャンパスライフが始まった。

しかし，その生活は順風満帆とはいえなかった。なぜなら筆者の腹には我が家で3人目の子どもが潜伏しており，試験日程には出産予定日が重なっていたからである。一般的に大学1年次は必修科目が多く，卒業要件の重要な位置を占める。それでも大半の科目は事前に先生への事情説明に周り，レポートの代替課題をいただくことができた。一方，出産後まで代替課題が提示されなかったのが第二外国語（中国語）である。帝王切開後の痛みに呻きつつ，授乳の合間に床頭台でピンインを付したレポートを書いたことは一生忘れないだろう。

ただし有難いことに，筆者の「リカレント」への周囲の反応は総じてポジティブであり，出産・育児を理由に学びの機会を奪われることはなかった。優しい同級生は快くノートや過去問を回してくれた。学部生でも大学内の保育園は大学教員・職員と一緒に利用させてもらい，車通学許可もいただいた。おかげさまで子供の迎えまでの時間は学術情報センターに入り浸り，背表紙の群れからセレンディピティを授かった。自分のような半端者であっても，自由に学び続けていいという自己肯定感を与えてくれた貴重な時間であった。

このような筆者が経営学と大学院の存在を知ったのは，経済学部生も履修可能な商学部科目，山田仁一郎先生のアントレプレナーシップ論の受講がきっかけであった。毎回の小課題やディスカッションで学びを落とし込むスタイルが新鮮で，経営学への興味が広がったのもその時である。この課題に三枝匡先生の『戦略プロフェッショナル』[2]があり，組織の経営課題に勇猛果敢に飛び込んでいく主人公の姿がとても眩しく見えた。しかしこの時点では，三枝先生が講義をされる大学院が東京にあるらしいこと，その名称をおぼろげに記憶しただけで過ぎていった。

いつしか大学生活も終盤となり，末の子も3歳になった。卒業すれば形ばかりの新卒にはなるが，周囲より一回り年齢が上で，さらに子育て中である。一般の就職活動をしても採用されるとは思えなかった。とはいえ，ただ看護師として臨床に戻るのも違うと感じていた。当時は筆者も経済学徒の端くれであり，経済は経世済民の略，経済学とはすなわち人を助ける学問である。この学びを活かさずに，労働市場に1人の労働力を提供するだけで終わりたくはなかった。

一方で，今後何をすればこの学びが活きるのかとも考えた。そこで，経済と

経営の違い，「経済（学）は車の構造を知ること，経営（学）は車の乗り方を知ること」という喩えを思い出した。つまり，まだ学ぶべきことの半分が経営学にあり MBA にあると拡大解釈することにしたのである。このような都合のいい自己成就予言が，結果的に進学そして合格まで導いたのかはよくわからない。しかしその後，大学院では三枝先生の集中講義に参加することができたので，学部時代からの長い伏線が無事に回収されたことを申し添えておく。

3．リスキリングがもたらしたもの

　以降は MBA での「リスキリング」のエピソードである。リスキリングの定義は，「新しい職業に就くために，あるいは，今の職業で必要とされるスキルの大幅な変化に適応するために，必要なスキルを獲得する／させること」[3]である。MBA は大学院の違いはあってもリスキリングに適しており，そこでの経験には主に2つの共通点がある。第1に，短期間のインプット・アウトプットの反復である。第2にグループワーク，すなわち複数人でプロジェクトを進める経験である。筆者の場合，この2点が自身の職能を大きく変えた経験であった。

　第1の経験は，短期間のインプット・アウトプットの反復，例として修士1年の古典購読を挙げる。古典購読とは指定された古典の数十ページ分を読み，毎週 A4 で2枚分の要約と1枚の小論文を作るものである。筆者のグループで扱った書籍は『国富論』，著者はアダム・スミスという200年以上昔の人物である。このような時代背景や価値観が異なる思考を現代人にわかるように要約するのであるから，当然一筋縄では行かない。一度で理解できないものは繰り返し読み，理解した範囲で書き出し，消しては整える。この思考の咀嚼と反芻を繰り返すうちに，本の著者は自らの思考の伴走者になってくれるのである。

　ただし課題には時間的制約があるため，家庭と学業の両立に伴う影響も当然にあった。学内での作業は子どものお迎え時間までであり，どんなに集中していても夕方には一度中断せざるを得ない。帰宅して夕飯や子どもの寝かしつけを済ませると，あっという間に数時間が経過する。課題に復帰するのは22時も過ぎるため，制限時間で文章をひねり出すだけで精一杯である。さらに，こ

れが率直なコメントと添削で真っ赤（真っ青）になって返却されるため，精神的にも辛いものがある（しかし教員となった今となっては，短時間にフィードバックをする先生や指導者の方が大変であったことが身に沁みてわかる）。また古典購読以外にも複数の課題やグループワークが並走するため，どの課題にどれだけの労力を割くべきかの見切りも徐々につけられるようになった。

　第2の経験はグループワークである。グループワークでの成果物には，概ねスライド資料とプレゼンテーションを課される。この中で筆者が率先してやるようにしていたのは，ディスカッションでのホワイトボード（書紀）係であった。なぜなら筆者の所属していたMBA（当時）は，新卒者，留学生，社会人（一般，企業派遣）を含む混成グループで，課題内容も幅広い企業を対象とした調査報告，分析，事業構想などである。このような場面では，看護師としての職能が役立つ場面は非常に限定的である。またPowerPoint® もほぼ使ったことがなく，見様見真似で覚えるしかない。そして人前での発表にも当然慣れていない。つまり，これまで自身を支えてきた看護師の職能が，MBAでは役に立たないと痛感することになったのである。このような環境で油断すると，周囲があっという間に課題を片付けてしまい，フリーライダーになる危機感があった。しかし，メンバーの話を聞いて要点を書き出すこと，質問を振ることであれば多少はできる。これは，自身を課題の当事者に置くための心がけでもあった。

　またプロジェクト進行の要点もグループワークでの経験が生きている。例えば，議論が煮詰まってきたらざっくりと表を作る，4象限に置く，図の関連を示すなど，まずは他人の情報整理の方法を真似ることから始まった。議論の流れからグループとしてのゴールを見出し，各自の分担作業を定め，必ず具体的な期限を切るべきことも覚えた。これらの体験のすべては，筆者がMBA卒業後に医療機関の経営補佐として働きつつ博士後期課程を過ごした際にも，もちろん現在の教員としての職務にも大いに役立っている。

　修士2年ではワークショップに所属し，修士論文（ワークショップレポート）の執筆に取り組む。ただし当初は，医療に全く関係ないテーマを追求すると信じて疑わなかった。しかし自身の興味関心と素直に対峙したとき，不思議とそのようにはならなかった。MBAでの日々を思い出せば，ビジネスケース

でテルモが取り上げられた際には，いつも身近にあった医療機器の様子を思い浮かべて楽しくなった。医療の気配がある話題では関心度が100倍に飛び跳ねた。つまり看護師である以前に医療が好きであり，学びを医療に活かすことこそがミッションであることに，遅まきながら気がついたのである。結果的に，筆者は修士論文のテーマに電子カルテシステムを選択した。これは，筆者が転職をした際の病院で電子カルテシステムに出会い，このような便利なツールが全国どこの病院にもあればよいのにと感激した経験を発端とする。詳しい内容は以降の研究紹介を参照されたい。

4．看護師がMBAになることの意味

　以上のエピソードを振り返り，看護師がMBAになることの意味について，これからMBAを目指すかもしれない方に向けて3つ挙げてみたい。

　第1に，経営学という新たなスキルが，医療において複眼的思考をもたらすことである。例えば，これまで会議などで示される経営指標を前に思考停止し，「餅は餅屋」とばかりに数字を嫌厭してきた人もいるかもしれない。しかし，これらの数字や経営指標は常日頃から見ていた現場の働き，患者・利用者へのサービス提供を積み重ねてきた結果であることがわかるようになる。逆に，現場ががんばっている感触があるのにもかかわらず，経営指標に結果が出ていない。そうであれば，どこかで空回りや無駄が生じているか，人に成果が見える形にされていない可能性がある。その狭間をつなぐのは，医療と経営の視野を養ったあなたにこそ，うってつけの役目である。

　第2に，人生に新たな挑戦を伴うことである。自身を強制的にこれまでの職業とは別のコミュニティに置きながら，短い時間で多くの課題に取り組むが，これまでのやり方が通用しなくなることもある。時に勉強不足を痛感し，精神的にストレスを抱えるかもしれない。しかし，これは新たな職能を獲得するためのストレッチ期間で，運動をはじめたばかりの筋肉痛のようなものである。たった数年，されどその数年があるかないかは，その後の何十年という人生を変える第一歩であると信じている。

　第3に，多様な背景をもつ人々との関わりの中からミッションを授かること

である。現役生が学位を取得し就職すること，また働きながら，責任ある役職を任されながら，家族の介護をしながら，子育てをしながら学ぶことも重要なミッションである。そして，MBAでは各自のミッションクリアに奔走するだけに終わらず，協働する仲間から多くの共有知を得る。そして1つの課題を追求し，自分がやらねば誰がやると思えたものが欠片でも見つかったのならば，おそらくそれこそが社会があなたを必要としている新たなミッションである。

5．日本の電子カルテシステムの普及
――イノベーションの普及理論をもとに――

　ここからは，筆者の修士論文より，日本の電子カルテシステムの普及に関する調査，イノベーションの普及理論に基づく考察から研究を紹介してみたい。

6．研究背景――「お弁当箱」の比喩――

　唐突ではあるが，ここでは電子カルテシステムを概念的に理解するために比喩を用いる。まずお弁当箱をイメージしていただきたい。このお弁当箱と最初に詰める白飯がいわゆる診療録（カルテ）[4]，医師によって記載される医療サービスの最初のインプットである。これがシステムの名を冠する場合，白飯の他に様々なおかず（機能）と一緒に詰められる。代表的なものは，医師の指示命令系統の自動化を担うオーダリングシステム，診療報酬請求に関わる医事会計システムである。現在の電子カルテシステムは概ねオーダリングシステムを内包し，医事会計システムと連動する。この他，薬剤管理システム，臨床検査システム，放射線システム，PACSなどの画像管理システム，栄養・給食管理システム，リハビリテーションのシステムなどが存在する。さらに，BIツールなどの経営支援システム，SPDなどの物品管理システムなどが別システムとして稼働する場合もある。

　この比喩からの示唆は，おかずの品数を増やせば豪華な弁当になるが，当然費用も嵩むということである。さらに，お弁当の中身は医療情報という生ものであり，安全に管理されるべきなのは言うまでもない。また，お弁当を詰めて

図表 8-1　電子カルテシステムとお弁当箱の比喩

出所：筆者作成。

売る人（＝ベンダー）と食べる人（＝実際に使う人，医療従事者）は別々である。さらに，日々お弁当が食べられるよう管理する人（＝システム管理担当者）が必要である。医療従事者は医療の専門家ではあってもシステムは門外漢であるため，ベンダー，システム管理担当者の助力が非常に重要である。このため，まずどのような電子カルテシステムが医療現場に求められるのか，予算と実益を兼ねた実装および維持管理が可能であるのかを，ステークホルダーですり合わせることが必要である。ただ欲しい物だけを放り込むだけで仕上がらないのは，お弁当と電子カルテシステムに共通する課題であるといえる。

7．電子カルテシステムの定義

　実は電子カルテシステムには唯一の定義というものはなく，幅広い定義がなされている。ここでは米国医療情報技術アライアンス（NAHIT）の定義[5]に沿って，どのような機能があるものかを整理しよう。

　第1段階の電子医療記録（EMR：Electronic Medical Record）とは，「個人の健康に関わる情報の電子的な記録であり，1つの医療機関で，権限を付与された医師および職員によって作成・収集・管理・参照される」ものを指す。つまり情報の電子化（＝デジタイゼーション[6]）は，電子カルテシステムの一要素である。また医師が診療録記載に加えオーダエントリシステム機能を使うことで，コメディカル・事務職員との情報共有が活発化する。これらの活動によ

り高い生産性・効率性を実現し，医療の質・安全性の高い医療サービス提供を可能にすれば，それらはすでにデジタライゼーション[7]の段階にある。

　しかし EMR には問題が 2 つある。第 1 に EMR の情報は多くが医療情報であり，患者・利用者本人よりも医療者が詳しいという情報の非対称性が存在する。第 2 に EMR の情報は基本的に医療機関ごとに蓄積され，しかも患者・利用者側が実質的に情報を所有していない。例えば A 病院で検査を受けたにもかかわらず，B 病院受診時には検査の重複が起こるなどの問題である。このため，次の電子健康記録（EHR：Electronic Health Record）への発展が必要になる。

　EHR は「個人の健康に関わる情報の電子的な記録。全米で認められた相互運用標準に準拠し，2 つ以上の医療機関の医師や職員によって作成・管理・参照される」と定義される。つまり，医療機関の垣根を越えた医療情報の共有を可能にする。例えば地域医療情報システムなどの名称で，複数の医療機関が参加する医療情報の共有システムが存在する。このようなシステム利用は，各施設での電子カルテシステムの導入を前提としている。ただし EHR でも，患者・利用者本人による主体的利用が閉め出されたままである点が残っている。よって最終的には，個人電子健康記録（PHR または ePHR：Electronic Personal Health Record）の普及までを目指すことが必要になる。

　PHR とは「個人の健康に関わる情報の電子的な記録。全米で認められた相互運用可能な標準に準拠しており，複数のソースから引き出すことが可能で，本人によって管理・共有・操作される」とされる。クリステンセン（2015）は，プライマリケア医の診療を中心とした診療所ビジネスモデルを破壊的イノベーションとして，その中で個人電子健康記録という情報技術の導入により診療の連係が実現できることを示した。2023 年現在の日本も，マイナンバーカードの保険証利用，健診情報や処方情報の利用推進，さらに個人が手元で医療情報を管理するお薬手帳・健康手帳アプリなどの開発・導入も盛んになっている。これらは国民の DX（デジタルトランスフォーメーション[8]）のインターフェース，プラットフォームとしての機能も期待されている。

　このように電子カルテシステムは各施設の EMR に留まらず，情報連携による付加価値により，従来の紙カルテ運用を上回る機能を期待されるものであっ

図表 8-2　電子カルテシステムの普及と病院数（総数）の推移

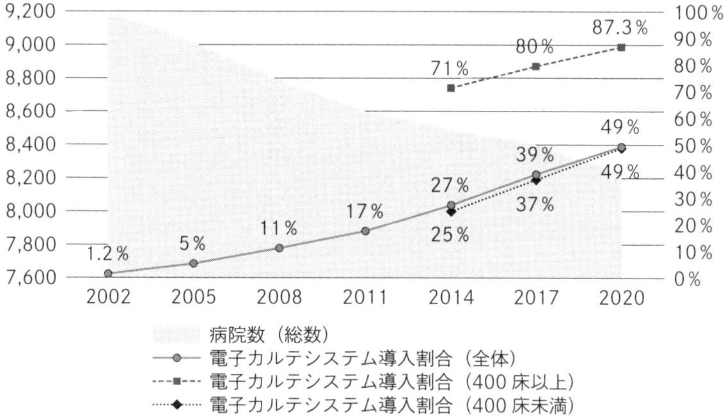

出所：医療施設調査に基づき筆者作成。

　た。しかしながら，電子カルテシステムという新技術は年数パーセントしか普及しなかった[9]。保健医療分野の情報化に向けてのグランドデザイン（2001）は，電子カルテシステムの普及を「平成18年度までに全国の400床以上の病院の6割以上」としていた。にもかかわらず，実際は目標に遅れること数年がかりでようやく達成した。つまり日本の電子カルテシステムは，当初期待していたよりも普及が遅かった。ここには，新技術の採択を見送り続ける意思決定の総和があり，未導入が合理的判断となった諸要因に目を向ける必要がある。

8．電子カルテシステムのメリット・デメリット

　一般的に，電子カルテシステムの導入は医療機関に3つのメリットを与える。第1に，デジタライゼーションによる判読性・可用性・正確性の向上である。紙にペンで記載された情報は，記載者の筆跡によって判読性が異なる[10]。これは医療安全においても，判読性の低下が薬剤の取り違えや数量・分量間違い等の原因となるため，根絶に近づけるべきエラーの1つである。

　第2に，情報利用の物理的制約からの開放，情報の多重・多面利用を可能にした点にある。紙カルテは紙の束であり，基本的に患者1人に1冊で利用され

る。参照は単独で利用するため，誰かが占有すると他は参照・利用できない。また紛失したり，汚染や破損する危険もある。電子カルテシステムはPCなどのデバイスを通し複数箇所での参照・利用ができるため，このような物理的制約による問題から開放されるのである。

　第3に，情報共有の迅速化に基づく業務効率化である。第2の点，情報の多重・多面利用が連鎖的に行われることにより，医療的判断や指示が安全かつ速やかに進むことを助け，業務プロセスを変える。この結果，従来は情報を得るために消費されていた時間を患者へのケアのために使えば，医療の質の向上にもつながる。もとより2000年代初頭の経済財政諮問会議において，医療機関におけるITシステム導入目的は医療機関の運営コストの削減にあった。電子カルテシステムの導入後の行動様式は，医療サービス提供の運営コストを軽減しつつ，同時に医療の質の向上をもたらすものである。

　間接的なメリットとしては，人材への訴求力である。例えば，医師臨床研修のマッチングや医療職の求人サイトでは，施設情報において電子カルテシステムの有無を表示している。実際，電子カルテシステムの導入には消極的であった組織のヒアリングでも，人材募集に有利になることから導入に至った経緯が聞かれた[11]。つまり電子カルテシステムの導入とは，直接の効果だけではなく，対外的によい設備を持つ病院のシンボルとしてのメリットもある。

　一方，電子カルテシステムの導入については代表的な2つのデメリットも存在する。第1に，多額の費用と対応収益の問題である。電子カルテシステムは一般的に非常に高価である。そしてイニシャル・コストだけではなく，通信費，メンテナンス・コストなどが継続的にかかることになる。しかし電子カルテシステムを導入しても，CTやMRIなどの医療機器とは異なり導入による収益を生み出すものではない。したがって，直接に収益・費用というカネへの影響だけを見れば，電子カルテシステムは費用を増やす要因にしかならない。

　第2に，電子カルテシステムの管理体制における問題である。もとより，従来の病院はシステム管理に詳しい人材が常時配置されている体制ではない。当然，新たに人材や部門を配置するのであれば第1の要因とも関連し，費用を圧迫することになる。人材を常に自前で抱えることができなければ，外部システムベンダーのフォローを受ける他はない。しかし，これも情報セキュリティの

管理責任につながる。例えば病院へのサイバー攻撃，ランサムウェアなどを初めとした事件として近年様々なところで表面化している。電子カルテシステムの使用中止により診療が麻痺すれば，経営面への影響はもちろんのこと，地域の医療インフラに少なくないダメージを与えることになる。

9．イノベーションの定義と電子カルテシステム

　このようにメリット・デメリットを保有する電子カルテシステムは，果たしてイノベーション足り得るのだろうか。ここでは電子カルテシステムを，代表的な3つのイノベーションの定義に当てはめて紹介してみたい。

　最初に，シュンペーター（1977）は「新結合」という概念を用いてイノベーションを説明した。この新結合には，新しい財貨，新しい生産方法，新しい販路，新しい供給源，新しい組織という5つの場合がある[12]。電子カルテシステムを1つの製品として考えた場合，シュンペーターの示す新しい財貨，いわゆるプロダクト・イノベーションとしての電子カルテシステムがある。

　続いて，クレイトン・クリステンセン（1997）は，持続的イノベーション，破壊的イノベーションの2つを提示した。持続的イノベーションとは，既存製品やサービスの改善を積み上げていくものである。対して破壊的イノベーションとは，新しい製品やサービスの出現で既存製品やサービスが取って代わり，「破壊的」という表現が用いられる。電子カルテシステムの登場により従来の紙カルテが置き換われば，プロダクトとしての破壊的イノベーションである。同時に電子カルテシステムのある医療機関は，情報利用に関わるサービス提供プロセスにも大きな変化を生じる。つまり，プロセス・イノベーションにおいても破壊的なイノベーションをもたらす。

　最後にE. M. ロジャーズの定義を紹介する。ロジャーズ（1981）は，イノベーションを「個人もしくは他の採用の単位によって新しいものと知覚されたアイデア，行動様式，物」であると定義した。さらに，「人間行動を問題にしているかぎり，そのアイデアが，最初の使用が行われた時や発見された時からの時間によって測られる客観的な新しさは重要ではないのである。（中略）そのアイデアに対する人の反応を決定するのは，彼によって知覚されたそのアイ

デアの新しさであり，主観的な新しさなのである。そのアイデアが個人にとっ
て新しいものであると思われるならば，それはイノベーションである」（ロ
ジャーズ 1981，宇野訳，27 頁）とする。ロジャーズがユニークである点は，
プロダクトあるいはプロセス・イノベーションに，人や組織の主観的知覚を加
えているところである。

　以上より，電子カルテシステムはプロダクトおよびプロセスの側面からイノ
ベーションである。また電子カルテシステムを導入する「知覚」に着目すれ
ば，電子カルテシステムのある組織はイノベーションの下に形作られていると
みなすことができる。

　それでは，イノベーションがある組織と他の組織は何が変わるのだろうか。
仮説として，電子カルテシステムを導入する医療機関は未導入と比べ，経営的
にもプラスの影響がある。もしそれを明らかにできれば，全国に電子カルテシ
ステムの導入が進む一助になる。リサーチクエスチョンは，筆者のこのような
単純な仮説と淡い期待に基づくものであった。

10.　イノベーションとしての電子カルテシステム普及過程

　電子カルテシステムが導入された医療機関と未導入を比較する上で，どの
ような調査対象を選んだらよいのだろう。大規模病院中心に普及が進んでき
たことは既存調査からわかるものの，ただ中小規模という理由で普及が少ない
のか，また急性期である病床機能の違いなのかの根拠を見つけることができな
かった。多くの研究で突き当たる最初の壁は，既存データの有無，つまり調査
の実現可能性である。既存データはあっても欲しいデータセットでなければ，
自分で調べてデータを作る他はないのである。

　ところで，電子カルテシステムが日本で法的に認可されて使用可能になった
のは 2001 年であった。この電子カルテシステムの登場と同時期に影響を与え
たものは，2003 年の DPC/PDPS[13]，DPC 制度の開始が思い当たる。DPC 参
加病院数の規模別推移を調べてみると，当初 400 床以上の大規模病院を中心
としていたものが，2008 年以降ではその割合が逆転している。つまり DPC/
PDPS 参加病院とは急性期中心であり，複数の規模を網羅する病院の一大サン

図 8-3　DPC 参加病院数の推移

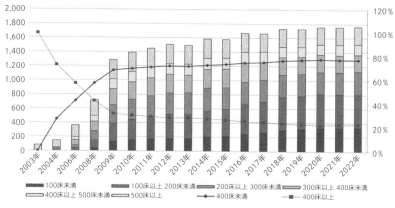

出所：厚生労働省 DPC 評価分科会資料に基づき筆者作成。

プルになりつつあった。また公表データで名称や病床数が把握できるため，調査の実現可能性が高い。このため DPC/PDPS 参加病院を対象に電子カルテシステムの導入状況を調査し，普及曲線を描写することとした。

11.　ロジャーズの採用者カテゴリーと普及曲線

　ロジャーズ（1981）では多くの普及研究の比較に基づき，採用者カテゴリーに対して標準化した定義が示されている。採用者カテゴリーは5つあり，①革新的採用者（イノベーター），②早期少数採用者（アーリーアダプター），③前期多数採用者（アーリーマジョリティー），④後期多数採用者（レイトマジョリティー），⑤採用遅滞者（ラガード）である。

　さらにロジャーズは多くの研究から，イノベーションの採用頻度を時間経過で表した場合は正規性のある釣り鐘型，同じデータを累積に表すとS字型になることを示した。これが現代でも様々な場所で使われている普及曲線である。

　採用者分布がきわめて正規分布に近いことから，サンプルの平均値と標準偏差（SD）によって各カテゴリーに含まれるパーセンテージを示すことができる。釣り鐘型の中央を平均値としたとき，さらに平均の両側に 1SD，2SD

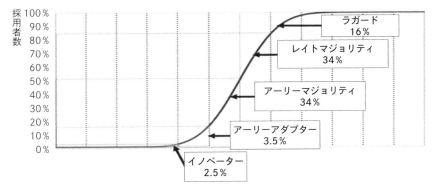

図表8-4　累積普及曲線

出所：ロジャーズ（1990），宇野・青池訳，353-356頁を基に筆者作成。

ずつ同間隔での区分ができあがる。これにより，①イノベーター：2.5％（左裾），②アーリーアダプター：13.5％（累積2.6〜16％の間），③アーリーマジョリティー：34％（累積16〜50％の間），④レイトマジョリティー：34％（累積51〜84％の間），⑤ラガード：16％（右裾の残り）が明らかになる。

12．電子カルテシステムの普及基準の設定

それではロジャーズの示す普及曲線に沿って，日本での電子カルテシステムの普及状況をあてはめてみたい。しかし，イノベーターを示す普及率2.5％の到達年のデータは複数ある[14]。このため，プロダクトとしての電子カルテシステムのリリース時期，普及率を追跡し，表の基準を設定して集計を行った。

イノベーター	1-1：電子カルテシステムを2003年までに導入[15] 1-2：オーダリングシステムを2001年までに導入，かつ2007年までに電子カルテシステムも導入[16]
アーリーアダプター	電子カルテシステムを2004〜2011年までに導入[17]
アーリーマジョリティー	電子カルテシステムを2012〜2017年調査時点までに導入[18]
レイトマジョリティーおよびラガード	2017年調査時点での電子カルテシステム未導入[19] ＊将来的導入の予定があるものもこちらに含む

調査対象は平成29年度DPC参加病院1,437施設，電子カルテシステム導入の有無，導入年についての調査を実施した。同様にオーダリングシステムにつ

図表 8-5　電子カルテシステム導入病院数

DPC 病床数	Ⅰ群	Ⅱ群	Ⅲ群	合計
〜 200 床	0	1	545	546
201 〜 300 床	0	1	281	282
301 〜 400 床	1	19	227	247
401 〜 500 床	1	26	121	148
501 〜 600 床	18	31	47	96
601 〜 700 床	10	38	23	71
701 〜 800 床	14	11	4	29
801 床〜	37	13	4	54
合計	81	140	1,252	1,473
導入率	99%	100%	87%	89%

出所：筆者作成。

いての記載があるものは，導入の有無，導入年の収集も行った。調査対象デー
タは，『医療機器システム白書2017』収載の医療情報システム，ホームページ
がある医療機関については沿革などの記載，その他問い合わせで回答を得られ
たものは内容を補完した。

　それでは，2017年時点のDPC参加病院で電子カルテシステムを導入してい
た病院はどれだけあったのだろうか。結果，1,473施設中，全体の89％が導入
済みであることが明らかになった。これは2017年時点での医療施設調査によ
る全体普及率である39％と比較すると著しく高いことがわかる。

　続いてDPC病床数と医療機関群でクロス集計を行うと，Ⅰ・Ⅱ群病院はほ
ぼ100％[20]に対し，Ⅲ群全体では87％，Ⅲ群の内訳で最も導入が低いのは200
床以下であり，病床規模の拡大と電子カルテシステム導入が増える関係性は，
全体の普及傾向と一致する結果であった。

　以上の調査のうち導入年の明確な施設については年数別に累積集計し，電子
カルテシステムの普及曲線を作成した[21]。2003年，2011年は，電子カルテシ
ステムの普及曲線においてイノベーター，アーリーアダプター，アーリーマ
ジョリティーへの転換年となる。DPC参加病院数の割合を算出すると，イノ
ベーターが全体1％程度に対して0.4〜0.8％，アーリーアダプターは全体5〜
17％に対して2〜8％，アーリーマジョリティーでも全体の半数近くがDPC参
加病院と重複した傾向が読み取れる。

図表 8-6　DPC 参加病院の電子カルテシステムの普及曲線

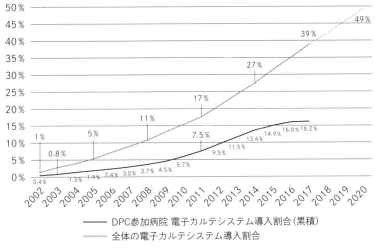

DPC参加病院 電子カルテシステム導入割合（累積）

全体の電子カルテシステム導入割合

出所：筆者作成。

　続いて，普及基準別に平成 29 年度の機能評価係数 II [22] が平均以上となる病院割合を集計した。結果，イノベーターの 56 ％，アーリーアダプターの 48 ％，アーリーマジョリティーの 38 ％，レイトマジョリティーの 26 ％が平均を上回っていた。

　最後に重回帰分析 [23] を用いて普及基準別の分析を行った。結果，アーリー

図表 8-7　普及基準別に見る機能評価系数 II 平均以上の割合

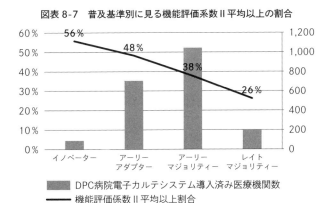

DPC病院電子カルテシステム導入済み医療機関数

機能評価係数 II 平均以上割合

出所：筆者作成。

アダプターは機能評価係数Ⅱが3.2〜3.8％高くなるが，レイトマジョリティー・ラガードになると4.9〜5.8％低くなる。イノベーターやアーリーマジョリティーは有意ではないがプラスの係数となった。よって，電子カルテシステムを早めに導入している群では，機能評価係数Ⅱが高くなることが明らかになった。ただしこの結果は導入年（機種の世代）の違いか，導入後の組織の学習効果によるものかについて，追加的な調査が必要である。

13.　考察──電子カルテシステムの普及および阻害要因──

　結果より電子カルテシステムは経営にもプラスの面があると考えられた。しかし，なぜ日本においてこのイノベーションは広く普及しなかったのだろうか。ここではロジャーズの『イノベーション普及学入門』，『イノベーション普及学』を通じ，イノベーションの普及および阻害要因を考察する。

　ロジャーズはイノベーションの普及学において社会変動をコミュニケーション・プロセスで表現する。コミュニケーションとは「メッセージが送り手から受け手に伝達されるプロセス」であり，ある送り手（Sender）が，あるメッセージ（Message）を，あるチャネル（Channel）を通して受け手（Receiver）に送るものである。ここに効果（Effect）を付け加えたものをS–M–C–R–Eモデルとしている（『イノベーション普及学入門』26頁）。またイノベーションの普及過程にも5つの要素がある。通常，送り手は発明者やオピニオンリーダー，受け手は社会システムの成員，メッセージはイノベーションあるいは新しいアイデア，チャネルはコミュニケーション・チャネル，効果は知識，態度変容，行動変容などの結果である（『イノベーション普及学入門』25頁）。

　電子カルテシステム普及の諸要素を考えると，送り手はベンダーや政策側，受け手は医療機関となる。チャネルになりうるのはベンダーからの情報だけではなくすでに導入済みの医療機関からももたらされる。そして効果は，電子カルテシステム導入によるメリットやデメリットの知覚であるといえる。

　またイノベーションの特性には，①相対的有利性，②両立性，③複雑性，④試行可能性，⑤観察可能性，加えて報奨の効果がある。なお，普及速度と①，②，④，⑤の各特性には正の相関，③の特性には負の相関をもつ。

　第1のイノベーション特性は相対的有利性であり，「イノベーションがそれに先行して用いられているアイデアに比べてよいものであると知覚される度合のこと」である（『イノベーション普及学入門』29頁）。相対的有利性は，イノベーション採用の結果生じる報酬，あるいは損失の大きさを指標として測られる。実際の相対的有利性には多くの下位次元があり，経済的収益性，イニシャルコストの低減，知覚されたリスクの小ささ，不快さの軽減，報酬の即時性[24]などを考慮する必要がある。

　電子カルテシステムの先行アイデアは紙カルテ，複写式の指示伝票，エンボス加工の診察券とインプリンターである。これらは物理的な紙や道具をもって人の手で記録され，伝達された。これがデジタイゼーション・デジタライゼーションを経て，物理的特性の限界を超えたことは前に述べた通りであり，電子カルテシステムには十分な相対的有利性がある。

　一方で導入への強い必要性，あるいは危機感はあったのだろうか。ロジャーズは危機についてこのように述べている。「危機というものはイノベーションのもつ相対的有利性をきわ立たせ，したがって普及速度にも影響を及ぼす」（『イノベーション普及学入門』189頁）。医療機関にとっての危機とは診療報酬制度の変化であり，電子カルテシステムの普及との関連も深い。2018年度の診療報酬改定では施設基準のDPCデータ提出義務化という形で，DPC参加病院のみならずDPC外の中小規模病院，回復期や慢性期への危機となって現れた。しかし実態としてデータ提出が困難な場合，電子カルテシステムが未導入であることを届け出れば当面の間容認されることになった。つまり電子カルテシステムの相対的有利性はあるものの，危機回避可能な制度上の抜け道から，イノベーションの普及に十分であったとは言い難いのである。

　加えて報奨についても触れよう。報奨とはいわゆる補助金，助成金である。例えば農業分野では，助成金の打ち切りからイノベーションの採用が停止した流れがある。これは電子カルテシステムに関連する補助金の縮小，地域医療情報システムに関連するネットワーク化推進事業の中止の流れとも類似し，普及に対して十分な報奨が出されていたかには疑問がある[25]。

　第2のイノベーション特性は両立性である。両立性とは，「イノベーションが受け手の価値，過去経験，要求と一致していると知覚される度合のこと」

（『イノベーション普及学入門』29 頁）である。電子カルテシステム導入において
は，すでに導入されたアイデアとして，レセコンやオーダリングシステム
などの先行導入されたシステムとの両立性を考えることになる。もしシステ
ムベンダーの違いから既存システムと新導入システムとの整合性がとれない場
合26，既存のシステムを捨てるか，電子カルテシステム導入を見送るしかな
い。また電子カルテシステムのリプレイスの検討でも，安全性や最小リスクを
とれば，無理にベンダーの乗り換えをしようとはしない。このように考える
と，電子カルテシステムの普及においては両立性が取りにくかった可能性があ
る。

　3 番目は複雑性であり，「イノベーションの理解と使用が難しいと知覚され
る度合のこと」とされる（『イノベーション普及学入門』30 頁）。これは電子
カルテシステムが導入されたときに，それまで PC 入力を行っていなかった
人，年齢が高く新しい製品に馴染みにくい人などを考慮する点である。実際電
子カルテシステムの使い勝手の問題が挙げられたものもあるが，これは業務の
慣れによって解決することがわかっている。また電子カルテシステムの内部構
造を理解しなくても，利用に大きな問題は生じない。よって複雑性が著しく高
かったとは考えにくい。

　4 番目は試行可能性である。これは「イノベーションが小規模レベルで実験
できる度合のこと」（『イノベーション普及学入門』30 頁）である。つまり電
子カルテシステムを「お試し」できれば試行可能性は高いが，現実的には難し
い。なぜならシステムの導入には緻密な設計や使用上の教育が必要であり，患
者情報が随時組み込まれるため開始・廃止は容易ではない。このため電子カル
テシステムの試行可能性は低く，製品性質上から高めることが難しい。

　5 番目は観察可能性である。これは「イノベーションの成果が人々の目に見
える度合のこと」（『イノベーション普及学入門』31 頁），つまり電子カルテシ
ステムの成果が見えやすかったかどうかである。導入後の感想は概ね良好で
あった報告を見れば観察可能性はある程度確認できる。ただし，メリットが意
思決定者である経営側に観察される形でも成果をもたらしていたかはわからな
い。

　それでは，電子カルテシステムというイノベーションの普及の阻害になりう

るものは何であろうか。ロジャーズは前述のコミュニケーションを中心に，異
類性と同類性という考え方を提示している。異類性とは文字の通り異なってい
る程度を示し，一方で同類性とは「相互作用を行っている一組の二人が互い
に，信念，価値，学歴，社会的地位などの特定の属性において似ている度合」
とされる。ロジャーズは「人間のコミュニケーションの最も明らかで基本的
な原理の1つは，アイデアの伝達は似通った，類似した同類性のある送り手と
受け手の間で最も頻繁に行われることである」としていながらも，「イノベー
ションのコミュニケーションにおける最も固有な問題の一つは，送り手は通
常，受け手に対して異類的であるということである」（『イノベーション普及学
入門』21頁）と述べている。つまり，基本的な流れとしてアイデアの伝達は
似たもの同士で活発に伝達されるものの，ひとたびイノベーションになると異
類性を含むことから，その内容の革新性が伝わりにくいと解釈できる。

　さらにロジャーズは，同類性はイノベーションの普及にとって障害になる
ことを説明している。「システム内に新しいアイデアを導入する人たちは，普
通，社会的地位や革新性が他の人よりも高いが，このとき同類性の度合いが高
いと，これらのエリートは自分達の間だけで相互作用を行うので，非エリート
達にイノベーションが『滴り落ちる』ことはほとんどない。（中略）同類性の
普及パターンでは，新しいアイデアはシステム内で垂直にというよりむしろ水
平に広まる。この場合同類性は普及速度を遅らす働きをしていることになる」
（『イノベーション普及学入門』290頁）とある。つまり，医療機関の中にイノ
ベーターがいても，他の医療機関にとって異質性であれば普及しにくい。また
同類性をもつ医療機関は水平的「右ならえ」が存在し，他も導入していないの
だからと躊躇する。組織内でも同類性間のコミュニケーションは活発に，異類
性間のコミュニケーションは緩慢になる。このため，イノベーションに対して
組織的にどのように対応してきたかが鍵になる。特に電子カルテシステムの導
入事例では，各所のステークホルダーを巻き込んだワーキンググループなど，
組織横断的なプロジェクト推進の重要性が挙げられている。このように同類
性・異質性を理解することは，電子カルテシステムの普及促進において重要な
視点である。

　ロン・アドナー（2013）は，米国の電子カルテシステムの普及が失敗した原

因を，機会費用と機会ロスを理由に説明した。機会費用とは，電子カルテを入れる代わりに同じ価格で他に何が購入できるかである。通常，診断機器や医療機器は使用により収益を増やすが，費用対効果の見えない電子カルテシステムは後回しにされる。また医療機関にとって導入はこれが最後のチャンスではなく常に次があり，機会ロスは発生しない。しかも新技術には先行者不利益が伴うこともあり，先延ばしにより費用は安価になり，技術的にも進歩した製品が手に入る。つまり導入への後押しがある場合を除けば，電子カルテシステムの提供価値は少なく見積もられる。このような機会費用と機会ロスの考え方によっても，日本の電子カルテシステムの普及阻害要因の説明が可能になる。

　また電子カルテシステムをクリステンセンの示す破壊的技術と見なした場合も，同様に普及への抵抗を説明できる。既存の紙カルテを前提としている医療機関，特にアナログ運用に過剰に適応する組織ほど，電子カルテシステムの導入により破壊される側になる。このため，変化を避ける人々は積極的にイノベーションを導入する行動には至らないのである。

14.　結　　語

　イノベーションとしての電子カルテシステムは，コミュニケーション・プロセスの普及要素において，導入意思決定をする経営者に価値あるイノベーションとして知覚されることが必要である。またイノベーション特性からみると，両立性，試行可能性，観察可能性の低さがある。また相対的有利性はあるが，制度上の危機や報奨が十分ではないために普及が進みにくい。ただし，複雑性はそれほど高くはない点に関しては朗報である。

　さらに異類性と同類性の観点を加えると面白い関係がある。皮肉なことに，電子カルテシステムの革新性を示せば示すほど，同質性の高い医療機関には異類性を際立たせ，普及を阻害するという示唆である。特にアーリーアダプターとアーリーマジョリティーの間にある溝[27] に陥らないためには，「右ならえ」の同質性集団がまごつく前に，電子カルテシステムが当然にある世界線に移行することが望ましい。制度的な危機の創出，補助金による報奨を駆使しても，普及速度を緩めてはならないのである。

　最後に，イノベーションである電子カルテシステムの普及には，お弁当の比喩から見た三者（お弁当を詰めて売る人，食べる人，管理する人）の協力はもちろん，国家的な医療情報活用基盤整備との足並みを揃える必要がある。そして近い将来，まずまず安価で使いやすい標準的電子カルテシステムが日本中どこの医療機関にもあり，看護師の働きやすい環境が整うことを願ってやまない。

（石田　　円）

［注］

1　ニコラス・グレゴリー・マンキュー（2008）『マンキュー入門経済学』は，ミクロ・マクロ経済学の基本がまとまっている。

2　三枝匡（2002）『戦略プロフェッショナル―シェア逆転の企業変革ドラマ―』日経ビジネス人文庫。

3　「リスキリングとは―DX 時代の人材戦略と世界の潮流―」（経済産業省／リクルートワークス研究所）。

4　医師法第24条「医師は，診療をしたときは，遅滞なく診療に関する事項を診療録に記載しなければならない」と規定されている。

5　原典は National Alliance for Health Information Technology, 2008, Defining Key Health Information Technology Terms より。

6　経済産業省（2020）DX レポート 2 中間とりまとめ（概要），「アナログ・物理データのデジタルデータ化」より。

7　前掲，経済産業省（2020）：「個別の業務・製造プロセスのデジタル化」

8　前掲，経済産業省（2020）：デジタルトランスフォーメーション「組織横断／全体の業務・製造プロセスのデジタル化，"顧客起点の価値創出"のための事業やビジネスモデルの変革」。

9　医療施設調査（静態）は 3 年ごと実施，電子カルテシステム等の導入状況が調査されている。しかし調査年により項目が違うため，不明箇所は欠損としている。

10　筆者が看護師の新人時代に教えられたのは，指示や処方せんの判読不可能な字，特に処方薬剤名，数量・分量は看護師で推測せず，記載者（医師）に判読可能な字で書き直しを依頼することである。急ぎの際には医師を探し回るしかない。指摘をされる医師も当然いい気持ちではなかっただろう。これがないだけでも，医師・看護師の双方のストレスを大いに軽減したといえる。

11　筆者の博士論文（2021）「病院における経営情報マネジメントに関する研究」第 5 章に詳しい掲載がある。

12　「新しい財貨，すなわち消費者の間でまだ知られていない財貨，あるいは新しい品質の財貨の生産」とあり，未知であることや新規性に関する言及がある。

13　Diagnosis Procedure Combination/Per-Diem Payment System の略，診断群分類を用いた診療報酬の包括評価制度。

14　普及率は前掲の医療施設調査と一般社団法人保健医療福祉情報システム工業会（JAHIS）調査（https://www.jahis.jp/action/id=57?contents_type=23）がある。

15　電子カルテシステムのリーダー企業である富士通のノンカスタマイズモデル（HOPE EGMAIN-FX）の発売を目処に，2003 年の区切りを設けた。

16　追加導入を 2007 年までとしたのは，富士通の全規模対応型の後継機（HOPE EGMAIN-GX）の

販売が 2008 年からを根拠とする。またオーダリングシステムのみ早期，以降電子カルテシステム
を導入しなかった医療機関は除外している。

17　2011 年普及率 16.1％（JAHIS 調査）を採用している。

18　アーリーマジョリティーは導入数と増加率の比較から算定，普及は年間約 3％程度の増加率を想
　　定した。

19　2017 年の調査時点では 50％普及率以降のデータはなく，レイトマジョリティーとラガードの区
　　別がつかないためひとまとめになる。

20　Ⅰ群（大学病院）で唯一導入が明記されていなかったものは昭和大学病院であり，これも 2017
　　年中に導入予定となっていた。

21　DPC 病院については全体累積データのある 2016 年，1,426 施設までを表示，全体は医療施設調
　　査の 2020 年までの内容を点線で示した。

22　機能評価係数Ⅱとは，2012（平成 24）年度診療報酬制度改定に導入された。DPC/PDPS 参加に
　　よる医療提供体制全体としての効率改善等（医療機関が担うべき役割や機能）へのインセンティブ
　　を評価したものである。

23　ここでは説明変数に 4 つの普及基準，被説明変数に機能評価係数Ⅱを用いている。ちなみに，説
　　明変数に電子カルテシステムあり，被説明変数に機能評価係数Ⅱを用いた 2015（平成 27）～ 2017
　　（平成 29）年度の重回帰分析では，いずれの年度でも有意にプラスであり，5 ～ 5.8％機能評価係数
　　Ⅱが高くなる結果を得た。

24　報酬の即時性は，例として予防接種などの予防的性質を持つイノベーションの普及率が低い理由
　　として説明される。予防接種の相対的有利性は接種をした結果，病気をしないで済むという将来の
　　時点に現れるため，普及対象者の目の前に示すことが難しい。

25　電子カルテシステムとは対照的に危機・報奨が奏功した事例には，レセプトのオンライン提出義
　　務化がある。請求側（医療機関）へのタイムリミットの提示による「危機」の創出，「報奨」（補助
　　金）に基づく体制整備が揃うことで，急速な電子レセプト提出対応レセコンの普及が実現した。

26　データの互換性確保のための追加的費用を請求されることもある。医療機関側は人質ならぬ「デー
　　タ質」を取られる形であり，典型的なベンダーロックイン（囲い込み）を生じさせやすい。このよ
　　うな束縛を解除するため，今ではマルチベンダーの対応製品も登場している。

27　ムーア（2002）で示される「キャズム」のことである。

［参考文献］

アドナー，ロン著／清水勝彦監訳（2013）『ワイドレンズ―イノベーションを成功に導くエコシステ
　　ム戦略―』東洋経済新報社。

石田円他（2021）「DPC データ提出の要件化拡大による出来高算定・中小規模病院への財務的影響」『日
　　本医療マネジメント学会雑誌』22（2）。

エム・イー振興協会（2017）『月刊新医療―医療機器システム白書 2017―』。

クリステンセン，C. M. = J. H. グロスマン = J. ホワン著／山本雄士訳（2015）『医療イノベーショ
　　ンの本質―破壊的創造の処方箋―』碩学社（原題：*The Innovator's Prescription: A Disruptive
　　Solution for Health Care*, 2008）。

厚生労働省「医療分野のサイバーセキュリティ対策について」（https://www.mhlw.go.jp/stf/
　　seisakunitsuite/bunya/kenkou_iryou/iryou/johoka/cyber-security.html）。

厚生労働省医政局標準的電子カルテ推進委員会「電子カルテシステムが医療及び医療機関に与える効
　　果及び影響に関する研究」（http://www.mhlw.go.jp/shingi/2005/03/s0303-8a.html）。

厚生労働省中央社会保険医療協議会（2006）「医療の IT 化に係るコスト調査報告書」。

厚生労働省保険局総務課「平成 21 年度医療施設等設備整備費助成金実施要領」（http://www.mhlw.

go.jp/bunya/shakaihosho/iryouseido01/info02g.html)。

小林孝範・谷川浩隆（2011）「電子カルテ導入の効果と稼働後の取り組み」『日農雑誌』59（5）。

シュムペーター，J. A. 著／塩野谷祐一・中山伊知郎・東畑精一訳（1977）『経済発展の理論―企業者利潤・資本・信用・利子および景気の回転に関する一研究―（上）』岩波文庫。

高橋哲也他（2007）「電子カルテ導入が病院組織にもたらす効果について」『医療情報学』27（3）。

竹本敬子他（2009）「我が国の電子カルテの導入状況に関する調査結果の分析」『医療情報学』28（4）。

津久間秀彦他（2011）「医療安全の観点から見た医療プロセス電子化の評価」『医療情報学』33（4）。

保健医療情報システム検討会（2001）「保健医療分野の情報化にむけてのグランドデザイン」。

松嶋登（2007）「電子カルテ導入に伴う組織改編　東京都保健局・病院経営本部　重要課題研修「経営研修」（研究コース）平成 16 年度研究報告（増補拡大版）」。

Miller, H. D., Yasnoff, W. A. and H. A. Brude 著／石樽康雄訳（2009）『パーソナルヘルスレコード 21 世紀の医療に欠けている重要なこと』NTT データシステム科学研究所。

ムーア，ジェフリー著／川又政治訳（2002）『キャズム』翔泳社。

ロジャーズ，E. M. 他著／宇野善康監訳（1981）『イノベーション普及学入門』産業能率大学出版部（原題：*Communication of Innovations: A Cross-Cultural Approach*, 1971）。

ロジャーズ，E. M. 著／宇野善康・青池慎一監訳（1990）『イノベーション普及学』産能大学出版部（原題：*Diffusion of Innovations*, 3rd ed., 1983）。

Christensen, C. M.（1997），*The Innovator's Dilemma: When New Technologies Cause Great Firms to Fail*, Harvard Business School Press.

第9章
看護トップマネジャーの病院経営への効果を
いかに可視化するか

1．はじめに

　筆者は現在，東京医療保健大学看護学部講師として，主に手術や救急医療・集中ケアを受ける患者さんの看護について講義や臨床実習での教育に従事している。5年ほど前までは地域医療支援病院である総合病院の集中治療室看護師長として，また集中ケア認定看護師として複雑な病態に対する早期回復と将来的な社会復帰を目指したリハビリテーションの直接ケアに携わっていた。勤務していた集中治療室では，50余名の看護者の人的資源管理，医療設備機能の管理そして入院患者のケアのマネジメントを医師や他の職種とともに実践し，毎日起きるトラブルに対応し，先手先手の対応を考え奮闘していたことは昨日のことのように感じている。

　筆者にとって看護師長という看護管理職はもともとなりたかった職位ではなく，働ける間は専門的な判断によって質の高いケアが提供できるスペシャリスト，つまり直接ケアをする一看護師であり続けたいと考えていた。しかしながら病院組織の一員としてより質の高いケアを目指せば目指すほど，マネジメントなしにはかなえられないということに気が付いたのは，看護職を10年余り続けたころであった。今では看護師長という臨床での経験がなければ，大学教育におけるケアのマネジメントをふまえた看護の知識や技術の教育において，看護だけでなく広い視野をもって教員の役割を発揮することは難しいと実感している。

　看護とは，教科書で説明されている通りに実施しても，ほとんどの場合ケア

の対象者（病院であれば主に患者）に合わせて修正改善しなければ，患者さんの状態に適したケアとはいえない。ひとを対象にするからこそ，看護は難しさやあいまいさがあるといえる。臨床の看護職は，ケアの対象者である患者さんの反応について積み重ねた経験や新しい知見やあらゆるケアの中から取捨選択して，トライアンドエラーを繰り返しながらより良い状態を目指している。看護を学ぶ学生にとっては，答えがないことがもっとも難解で学びの不全感につながるようである。実習という限られた時間の中で，多くの患者さんの変化を体験するには限界があるからこそ，これまで決して短くない臨床での看護師経験，看護管理者としての経験を，臨場感をもって説明し，学生が場面を想起して，体験を共有できることができたら豊かな学習の一助になるのではないか，それが筆者のこれからの社会への貢献ではないかと考えて，教育の分野に身を置いている。

2．看護管理者の経験とリサーチクエッションとの出会い

　中堅といわれる看護職は，職業的アイデンティティが高いものほど，ひとの日常生活援助である「療養上の世話」は看護の独自性であり，かつ重要だと認識し，意欲・満足をもって援助している者が多いといわれている（秋葉・石津 2014）。看護職の多くは病院や施設などで自分自身の手によってケアを行うことに従事し，2021年看護職実態調査では看護職の67.6％が継続して看護に従事したいと考えている（日本看護協会 2022）。看護職の多くは，ケアの専門職であることに誇りをもち，ケアの受け手である病院であれば患者，施設であれば利用者とともに，その人らしく，その人が望む健康状態を模索し，より良い状態に向かうことができるよう関わることに看護の醍醐味ややりがいを感じている。これまで諸先輩方が築いてきた看護の発展において，看護職の地位向上，看護大学出身の看護職の育成，政策に参画する看護職といった，100年前には夢物語ともいえる看護職の発展が今日にはある。しかしながら，就業継続を希望してもかなわない場合もある。看護職は女性が9割以上を占める職種であり（日本看護協会 2022），妊娠や出産というライフイベントに伴う働きづらさ，病棟の看護管理者である看護師長に人事采配の権限がないことなど，妊娠

出産にまつわる法整備は推進されていても現場のマネジメントには限界があることも指摘されている（新田・安部・佐々木他 2022）。妊娠出産だけでなく職員自身が介護を担うことや疾病と就労の両立を模索している場合もあり，看護職が生涯やりがいをもって働き続けるためには，看護のマネジメントは常に多重の課題に対応しながら改善を続けなければならない。

　本章では，はじめに著者の臨床経験から看護管理者・トップマネジャーのマネジメントに研究課題を見出した過程について説明する。次に看護のトップマネジャーである看護職副院長[1] の病院における経営に対する効果とはなにかという研究課題に対して，基礎的研究の位置づけとして行った博士研究論文を用いて説明する。最後に，今後の展望について述べる。

3．リサーチクエッションは現場にあり

　幸いなことに，これまで救急医療を担う急性期病院の勤務経験だけでなく，所属組織外での研修，官民学で構成される広域災害訓練，大学院への進学，教員になってからの実習施設での関わりといった多様なケアの場を経験する機会に恵まれた。病院にかぎらず様々な立場にあるトップマネジャーと知り合えたからこそ，トップマネジャーのマネジメントは探求すべきテーマだと実感している。病院において最も多い人数を占める看護職のトップマネジャーのマネジメントによって，スタッフが個々の能力を発揮してよいケアを行えるかどうか大きく影響するからである。

　筆者は病院に勤務し始めた当初，看護の対象者である患者さんに直接ケアを実施することが職業として最も継続したいことであって，自分自身のキャリアプランには看護管理者となることは全く視野になかった。ところが新人看護師としていざ働き始めると，看護師は看護という部分を担うだけでは成り立たない現実がつきつけられた。病院の看護師は所属する部署の診療科，例えば整形外科の担当だから整形外科に関連する知識や技術を身につけていればよい職種ではない。病気や怪我は時と場所を選ぶわけではないことに加え，救急車で搬送された方への緊急処置や病に死にゆく人々の状態への対応といった緊急性や重症の度合いを問わず，新生児から老年期，さらには人生の最終段階といった

あらゆる健康レベルにあるすべての人々がケアの対象となる。具体的には，脳卒中や心筋梗塞を招く生活習慣病に代表されるように，患者の生活そのものに改善の必要があるのであれば，食事や運動の指導をはじめ個々の患者へのオーダーメイドのケアを考え，家族がいなければ役所へ問い合わせ，看護職以外の職種から情報を集め医師の方針をまとめ，患者の主張と医師の方針が対立するときは交渉をもちかけ，最終的に患者自身が無事に退院できるように働きかけるなど，あらゆる事態に対応できる力が求められる職種であった。ところがある時先輩看護師や病棟師長から「治療を詳しく知る必要はない，看護師は看護をするものだから清拭[2]に代表される清潔を保つケアができるようになることが最も重要」「検査データやレントゲンの正常異常を把握する必要はない」[3]と注意を受けたことがあった。看護師はケアの専門職として疾病や治療をふまえて自律した判断によってケアを行う医療の担い手であるはずなのに，「なぜ臨床ではそれぞれのスタッフの考えやケアが制限されるのか」という臨床場面での疑問が，マネジメントに関連した疑問であった。

　臨床経験10年を経過したころ，病院建て替えを機に病院機能を回復期から救急医療に転換する病院の職員募集があったため，組織改革を経験してみたいと考え異なる組織への転職を経験した。当然のごとく，入職当初より継続して勤務する職員には病院自体が機能を切り替えることに対し，戸惑いと混乱，時に反発があり，組織を作り上げる困難さに直面することになった。加えて，集中治療室という新設部署を立ち上げることは，治療目標に対する新旧看護職の共通認識を進め，治療が継続できる人員配置，生命維持装置をはじめとする多数の治療機器の配備と整備といったまさにヒト・モノ・カネのマネジメントをスタッフ立場でゼロから経験することになった。「組織変革・組織文化の困難の解決には何が必要か」という疑問が第2の疑問となった。

　その後部署や病院内での看護師教育を担うようになったこと，病院幹部試験を受験し主任看護師から看護師長として部署の管理責任を負うようになったこと，2011年に勤務中東日本大震災を経験し自病院だけでなく被災地への病院支援における他組織との協働の困難さに無力感を感じたことなど，数年の間にそれまで経験したことのない事柄に向き合い，解決に向けた結果を示す立場となった。特に東日本大震災後は，災害という危機管理は地域医療連携のなかで

各病院・施設等の連携と解決すべき課題が浮き彫りになっただけでなく，医業という病院の事業継続計画においては備蓄や人材確保に対してこれまでにないコストがかかることに直面した。時を同じくして所属する病院の看護部長が副院長へと職位が変わり，これまでより病院での看護部門としての意見が通りやすくなるのではないかと期待があったこともあり，改めて病院における経営とは何か探求したい，そして「組織の経営に対するトップマネジャーの効果とは何か」という疑問が第3の疑問となった。

　近年になるが看護管理者から教育職になったばかりのころ，同じ看護職教員より「看護職副院長は増えたが，看護が良くなったわけではなく現場は何も変わらない」といった痛烈な臨床に対する意見があった。臨床において看護管理者がいかにスタッフに心を砕いて人材確保に奔走しようとも，医療安全の仕組つくりや労務環境を整えようとも，看護という職種の中では副院長の効果がみえないばかりか，スタッフ個人のケアに直接関わらない看護管理者に対して好意的には受け取れない現状が突き付けられたと感じた。

　そもそも，経営を担うポジションにおいて，結果を出し情報を開示することは，医療を受ける人々に対し説明責任という重要な役割である。一方フロントラインにある管理者であるほど，日々の業務に密着したリアルタイムの問題に対処し，素早い意思決定による結果を求められる（Mintzberg 1973）。逆に，上位のマネジメントを担う職位は，長期的なアウトカムが求められ，より抽象度が高くなることでの効果は見えにくいといえる。既存の指標では，看護の質を評価する目的で開発された「労働と看護の質向上のためのデータベース（DiNQL）事業」[4]に代表される評価方法が試みられるようになったものの，看護からみた組織全体を評価するものであって，経営役割を担う立場を評価するものではない。

　これらの背景を踏まえ，看護職副院長の効果については，「質」といった目に見えにくいものではなく，経営指標（財務・非財務）によって可視化ができれば，納得できる説明ができるのではないかと考えた。看護職副院長登用による病院経営への効果を明らかにするためには，財務でのアウトカムと看護職副院長の行動や成果の因果関係を明らかにする必要がある。しかしながら看護職副院長に関連した調査がほとんどなされていない現状から，因果関係を明らか

にするためには前段階として測定する指標となる成果や行動の吟味を重ねる必要がある。また現実には測定する指標が明確にはないまま，看護の管理者は経営に結果を出すことを組織から求められる。これらのことから看護職副院長の病院経営への効果を得る前に「看護職副院長はどのような病院経営に対する意識をもっているのか」を明らかにする必要があると考えた。

　看護分野における研究において，医学は詳細な科学的データに基づいた研究によって患者の医療に貢献しているが，看護に関連した研究は患者に還元しているかという問いがある（鎌倉 2014）。筆者の研究は経営学分野での研究であり看護学の探求ではない。しかしながら，看護職が経営学を修める強みは，広く一般に通用する経営に関連した数値によって，医療や看護の成果を示すことができることにあると考える。看護はひとの反応を対象とするため証明が難しい分野であることに対し，他の執筆者が報告するように看護職が経営学における数値を活用して医療や看護を説明することは非常に興味深い。

4．研究の概要

　本項では，前に述べたリサーチクエッションである「看護職副院長はどのような病院経営に対する意識をもっているのか」に対して実施した博士論文研究について説明する。

5．研究の背景と目的

　本研究は，病院の経営を担う看護職副院長に注目し，経営指標に関連した看護職副院長の成果や行動から，看護職副院長登用の効果とは何かを探求するための基礎的研究である。本研究の目的は，看護職副院長の経営に対する意識を明らかにすることである。本研究により病院経営における看護職副院長登用について示唆を得ることで，今後も増加が予測される看護職副院長をはじめ，病院の組織成長や経営改善といった役割を担う職位に対し，効果的な多職種登用の判断材料となることが期待できる。

　直近では世界的なコロナウイルス感染症によって，わが国の病院はこれまで

の2025年問題と共に高齢化・疾病構造の複雑化，地域医療構想に基づく病床再編，医療の質と安全と密接に関連する診療報酬の改定といった今日的課題にくわえ，危機的状況に対する即時の組織的判断や成果を求められるようになった。わが国では感染症だけでなく風水害を中心に甚大な自然災害も毎年のように発生している。このため，疾病の治療だけでなく予防医療含めた健康を守る医業継続のために，病院組織は平時だけでなくあらゆる危機状況に対応できる医療体制の構築といった常に切迫する課題に直面しており，病院経営は厳しさを増している。このような病院経営の課題に対し多職種が副院長に登用され，看護職副院長については多様な医療ニーズに対応する看護職としての能力発揮が期待されている（巴山他 2009）。しかしわが国において看護職副院長が登用されるようになって10年以上経過するが，2007年以降看護職副院長登用に関する研究は4本と少なく，看護職副院長の職位と経営とを関連づけて分析した報告は見当たらない。そこで本研究は，看護職副院長の経営への効果を将来的に明らかにしていくための基礎的研究に位置づけ，看護職副院長がどのような意識をもって経営に関与しているのかを調査することとした。

　本研究は以下の4つの論点に沿って述べている。4つの論点とは，1. 看護職副院長の成果や行動ならびに関連する経営指標とは何か，2. 看護職副院長が登用されている病院の特徴は何か，3. 一グループ病院における看護職副院長の経営への意識とはなにか，4. 複数の設置主体を背景とする病院における看護職副院長の経営への意識とは何か，であった。本研究は，看護職副院長の経営への意識を明らかにするために，看護部長等の看護管理者と比較する横断調査研究であり，結果は以下の通りである。なお第1段階，第2段階は集約して論文として発表している（髙田 2021）。

6．結　　果

第1段階：論点1　看護職副院長の成果や行動ならびに関連する経営指標とは何か

　第1段階は，PRISMA声明のフロー（Moher et al. 2009）にそった文献レビューにより看護職副院長の成果や行動について関連する経営指標と共に抽出

図表 9-1　7 カテゴリー 44 の調査項目

	設問
説明責任 (6)	Q 3　患者数の増減や疾患の変動について情報を可視化する
	Q 5　職員全員が医療の質や医療安全に関するデータに触れる機会を増やす
	Q 7　残業の状況や職員の勤務状況（欠勤や離職など）について情報を可視化する
	Q18　経営責任者に看護に関するデータを可視化して提示する
	Q19　職員全員が病院の財務に関するデータに触れる機会を増やす
	Q32　病院の新設，拡大，縮小事業への提言を行う
労務・配置 (7)	Q 1　現在の職位の役割について，質の高い患者のケアを確保することが明確に位置づけられている
	Q 6　健康管理や働きやすさなどの職員の労務を管理する
	Q 8　夜勤手当・給与・賞与改善への対策を実施する
	Q 9　有給休暇取得改善の対策を実施する
	Q10　短時間正職員制度を導入する
	Q11　全職員に対する昇格人事・人事評価・配置転換への権限を持つ
	Q15　全職種に対する採用計画の策定や，実際の採用に携わる
教育 (10)	Q25　臨床と非臨床分野の協働と教育を強化する
	Q31　寄付金を看護指導者育成支援に役立てる
	Q35　重症度，医療看護必要度を正しく評価できる評価者及び院内指導者を育成する
	Q37　各種資格取得への支援を行う
	Q38　学会発表の支援を行う
	Q39　看護管理者を育成する
	Q40　奨学金のサポートを行う
	Q41　多職種協働の教育企画運営を行う
	Q42　臨床研究活動を推進する
	Q43　病院独自の認定プログラムを策定・実施する
経営の実践 (10)	Q 2　職種による専門性の高い実践を促す
	Q 4　医療安全体制を再構築する
	Q14　他の医療施設や地域との協力関係を構築する
	Q16　患者・家族の代弁者の視点で経営参画，運営分析，運営改善を行う
	Q21　診療報酬の取得・維持に関わる
	Q22　病院の事業について，実績を積み上げる
	Q29　訪問看護ステーション，高齢者ケア施設等の地域関係機関・施設への支援を行う
	Q30　現在の職位の裁量で使用可能な予算を獲得する
	Q33　病床編成の改革を行う
	Q34　平均在院日数改善の対策を実施する
設備・機能の改善 (5)	Q12　新しいテクノロジーを導入して病院全体の環境を整える
	Q13　患者・家族が利用する病院設備や制度を充実する
	Q26　研修施設の整備を行う
	Q27　職員が利用する福利厚生施設・制度を充実する
	Q28　院内保育所の設置，改善を行う
経営スキル (3)	Q17　詳細に経営状態を分析する
	Q36　経営を改善するためのリーダーシップスキルをもつ
	Q44　病院の経営に関する専門用語を学ぶ
権限 (3)	Q20　病院・他部門に対する発言権を持つ
	Q23　病院の事業について，積み上げた実績に対し職員に権限を与える
	Q24　プロジェクトチームを結成する

出所：筆者作成。

することを目的として，原著・総説 222 論文から 19 論文を分析した結果，170
の経営指標及びこれらに関連する 88 の看護職副院長の成果や行動が抽出され
た。文献レビューの結果は，看護職副院長の成果や行動を表すものと個人に備
わるものの 7 カテゴリーが含まれ，調査項目の原案になった。

第 2 段階：論点 2　看護職副院長が登用されている病院の特徴は何か
　第 2 段階は，赤十字グループ病院 88 施設を対象に，看護職副院長登用病院
と非登用病院を比較し，看護職副院長登用病院の特徴を明らかにすることを目
的とした。文献レビューから選択した 23 の経営指標を用いて定量的に分析，
比較を行った。その結果，看護職副院長登用病院は診療密度が高く侵襲の高い
治療に対応するチーム医療や地域医療支援病院などの多様な機能があり，高度
で多機能な治療に対応できる手厚い人員配置が特徴であることが明らかになっ
た。

第 3 段階：論点 3　一グループ病院における看護職副院長の経営への意識とは
何か
　第 3 段階は，看護職副院長登用病院の特徴に該当する第 2 段階と同じグルー
プ病院 69 施設の看護職副院長と看護部長を対象とし，調査用紙を用いた 2 群
の比較によって看護職副院長の経営に対する意識を明らかにすることを目的と
した。調査項目は，経営指標に関連した看護職副院長の成果や行動について，
第 1 段階で抽出された 88 の文献レビューの文脈から作成した。次に 88 の原案
については，妥当性検討のため尺度開発のプロセス（DeVellis 2017）を参考
に 2 名の看護職副院長経験者に表現の明快さ，適切さのほか副院長の立場から
調査項目の不足がないか助言を得て繰り返し検討した。その結果調査項目は，
7 カテゴリーで 44 項目に整理された（図表 9-1）。作成した 44 の調査項目 7 カ
テゴリーは「経営の実践」「設備・機能の改善」「労務・配置」「教育」「説明責
任」「権限」「経営スキル」で構成された。1 グループ病院 69 施設のうち回答
が得られた看護職副院長は 11 施設，看護部長は 27 施設の計 38 施設であり，
看護職副院長群と看護部長群の比較において，7 カテゴリーすべてで有意差が
認められなかった。2 群共に「経営スキル」には「説明責任」「経営の実践」

が，「権限」には「施設・機能の改善」の有意な正の相関があった。

第4段階：論点4　複数の設置主体を背景とする病院における看護職副院長の経営への意識とは何か

　第4段階では，病床機能報告（平成30年度病床機能報告）一覧から得た地域医療支援病院でかつ三次救急を含む急性期病床機能の届出がある病院，ならびに大学病院のなかから，国立病院，自治体立病院，大学病院，公的病院，医療法人の順に，各70名の看護職副院長と看護部長等の看護管理者に加え，第3段階の予備調査対象69名の計209名を研究対象とした。第4段階では，看護職副院長と看護部長等の看護管理者とを比較することで，病院における看護職副院長の経営に対する意識を明らかにすることを目的とした。データは予備調査と同じ44項目7カテゴリーの調査用紙を用い郵送法によって収集した。予備調査対象を含め，看護職副院長48名，看護部長等看護管理者47名の回答を得た（回答率45.5％）。分析方法はカテゴリー間の相関関係についてはSpearmanの順位相関係数を用い，経営に関する成果や行動と職位による個人に備わる要素の影響については，重回帰分析によって検証した。その結果，記述統計において2群の属性では年齢（$p < 0.01$）と看護職経験年数（$p < 0.01$）に有意差が認められ，経営に関連した成果や行動のカテゴリーでは「権限」（$p < 0.01$）に有意差があった。看護職副院長の「権限」（$\beta = 0.34$，$p < 0.05$）と「学位」（$\beta = 0.37$，$p < 0.05$）は，「教育」（$R^2 = 0.31$，$p < 0.01$）に影響していた。「経営の実践」「説明責任」では2群共に「経営スキル」が影響していた。

7．看護職副院長の経営に対する意識とは

　米国等海外の研究ではエグゼクティブの職位に関連した経営指標や財務への効果が報告されているものの，国内の看護職副院長に関連する先行研究は，半構造化面接による質的記述的研究で実践を明らかにするものにとどまり，看護職副院長の成果や行動に着目した定性的調査はこれまで行われていなかった。その理由は，武の指摘にもあるように，職位には権限が伴うため医師中心

の医療におけるヒエラルキーや学歴，女性が多数を占める職種に対する女性
蔑視といった問題が少なからず関与している（武 2008）といえる。また医療
において「経営」は金儲けをイメージするため相容れないとみなされる（橋本
2006）ことや，ケアを財務と関連付けることをタブー視する看護職の風潮があ
ることも，職位や経営の効果等に関連した研究がすすまない理由であると考え
る。しかしながら，働きやすい職場への改革を実現することや，最良の医療を
提供するための多職種協働において，権限を明らかにすることを避けることは
できない。

　筆者の研究では，看護職副院長の成果や行動である教育のカテゴリーに対
し，学位と権限が影響していた。また看護職副院長と看護部長は，両群共に自
身の経営スキルを発揮して，経営を実践し，病院内外への説明責任を果たして
いた。看護職副院長の登用は，職員の教育を推進させ，病院機能や医療の質の
改善が期待できる。看護職副院長が教育の面から組織の基盤をつくることは，
人の育成という永続的で目に見えにくく非常に範囲の広い責任を負うといえ
る。

　看護エグゼクティブのコンピテンシーは，コミュニケーションと関係構築，
医療を取り巻く環境の知識，リーダーシップ，専門性，経営スキルと戦略と
いった複数の要素が関連しあうモデルによって説明され，いかなる教育背景で
あろうとも，看護エグゼクティブのコンピテンシーは看護の経営責任者の技能
や能力をかたちづくるもの（AONE 2015）としている。近年わが国では看護
管理者のコンピテンシーの開発が報告されるようになったものの，エグゼク
ティブである経営者責任としての開発は報告されていない。

　本藤の報告（本藤 2009）同様，筆者の第4段階の調査においても，48名の
看護職副院長のうち専任の副院長職位は1名ででありほとんどすべての看護
職副院長は看護部長との兼務であった。看護職副院長は，職責のあいまいさの
なかで看護職副院長の責任範囲や役割について手探りで実績を積み上げている
段階であることが推測される。看護職副院長は成果を積み上げるだけでなく登
用の要件を検討する必要があることは，看護職副院長が注目された 2007 年ご
ろにも指摘され（山嵜・守山・大谷他 2007），今なお残された課題となってい
る。今後は看護職副院長が増加したことに見合った，病院経営に対する効果を

検証していく必要がある。また個々の医療施設では，看護職副院長登用病院の特徴を踏まえ，医療密度の高さに対応し地域における多様な機能の実現にむけて，看護部長とは異なる権限や責任範囲の明確化について検討する必要がある。

　病院経営における看護職副院長の権限は，勤務環境の整備や発言権に発揮されることが指摘されている（兼平 2018）。筆者の研究では，看護職副院長の成果や行動を表す複数のカテゴリーにおいて正の相関関係があり，看護職副院長は経営に対して職位による成果や行動を包括的に捉えているといえる。

8．病院経営とはなにか

　経営とは，目的を達成するための組織を設計し，効率的な資源の配分管理行い，いかに人材を動機づけるかという「実践的知識」であり，利潤を追求するだけでなく社会に貢献することが強調されている（橋本 2006）。病院の経営とは，最良の医療を営み，先見性のある計画に基づく設備機能の整備や人材の配置による組織化によって，医療による社会的貢献を目指すもの（葛田 2006）といえる。

9．教育について

　筆者の研究における教育カテゴリーのなかで，看護職副院長は「臨床と非臨床分野の協働と教育を強化する」「病院独自の認定プログラムを策定・実施する」項目で看護部長等と比較してより経営との関連を意識していた。「臨床と非臨床分野の協働と教育を強化する」とは，単に複数の職種が協力することにとどまらず，多職種連携である Inter Professional Work, Inter Professional Education を強化することをさす。多職種との協働やチーム医療は，院内の医療従事者間の連携だけでは成り立たない。このため，病院は行政機関のほか，大学や専門学校などの医療職教育機関，電子カルテや臨床資機材をサポートする関連企業といった様々な組織との協働を地域医療のなかで展開する必要がある。看護職副院長が教育をとおして経営に意識を寄せている理由は，病院の使

命である最良の医療を提供するためのチーム医療の実現に重点を置いているためであると考える。

　具体的な例では，病院施設ごとの臨床研修プログラム策定において，看護職副院長は多職種や各部門との調整を担う。臨床研修基幹病院だけでなく協力病院もまた，チーム医療は必須の概念であることから診療部門を越えて他部門，他施設との調整を担うのは部署の権限を超えた統制が行える多職種で構成される副院長が適している。特に認定看護管理者教育を修了している看護職副院長は，全職員の教育について病院の管理者視点で分析・実施することや，すべての部署部門に看護師を配置していることで医療安全，接遇，メンタルヘルス等の各方面での管理監督に長けていることも理由に挙げられる。臨床研修の目標達成を評価する場合，医師以外の医療職では看護師を含むことが望ましいとされている（厚生労働省 2020）。実際には，部署の看護師長が詳細な目標管理と評価を担当し，教育全体の統括を副院長が担うことになる。看護職副院長が登用される病院の特徴は診療密度が高く，多機能で高度急性期医療を担うため，多くの病院が研修医教育に携わる。多職種協働を実現するためには，看護部門や事務部門の長よりは，部門の長を超えた副院長による権限と実行力によって教育が成り立つと考える。

　地域医療支援病院は，医療法において地域の医療従事者を対象とした教育・研修の機会を設けることが求められている（昭和23年法律第205号，第4条）。地域の医療を担う病院としての役割発揮を実現している例では，看護職副院長がいち早く地域医療支援病院の役割に注目して，自施設の全医療職だけでなく地域住民や地域の医療・福祉従事者に対してセミナーや勉強会を実施していた（小原 1995）。地域包括ケアシステムでは，医療依存度の高い医療・介護の利用者のケアを担う看護職，介護職のほか在宅リハビリテーションを担う理学療法士等が施設を越えて協働する。地域医療を推進する使命を病院が担うのであれば，新しい事業を企画し実現できる権限と，先を見越した経営への効果を評価できる看護職副院長の登用が効果的であると考える。

　「病院独自の認定プログラムを策定・実施する」ことにおいて，看護職副院長は様々な工夫をしている。統括看護部長といった組織図上看護職副院長と同等の位置づけにある病院の例では，学会認定等の資格取得を職員に促し，院内

認定を得た心肺蘇生法インストラクターとして医師以外の職種が活躍している（塚崎 2009）。病院が地域医療のあらゆるニーズにこたえられる多機能性を保つためには，各職種の専門性の高い実践が不可欠となる。職員にとって組織から認定されることは，職種アイデンティティが守られ，病院組織へのコミットメントにつながるだけでなく，離職率の低下や，より質の高い医療の実現が期待できる。

10.　労務・配置について

　筆者の研究では労務・配置の面から看護職副院長の経営に対する意識について，十分な回帰式を得ることができなかった。看護職副院長の権限は，包括的にあらゆる要素に影響していても，組織の経営に不可欠な人的資源管理に対して特徴的に発揮されているわけではなく，労務や人事面では限定的な影響に留まると考えられる。労務・配置のカテゴリー内でみると，「夜勤手当・給与・賞与改善の対策を実施する」「全職員に対する昇格人事・人事評価・配置転換への権限を持つ」「有給休暇取得改善の対策を実施する」の項目において看護職副院長は看護部長より経営との関連を意識していた。これらの結果は，一部の病院であるものの，看護職副院長は全職員に対する昇格や人事などに対し権限をもち，看護職だけでなく病院全体の職員の働き方の改善に関与できることを表している。

　看護職副院長は病院の経営を担う幹部と強固な信頼関係を築くことで，病院機能の改善や人員配置等から病院の空床率の減少や，常勤者の確保といった病院組織の経営を担う職位である（Goetz, Janney & Ramesy 2011；溝口 2015）。先行研究では，看護職副院長の権限によってプロジェクトに人材を配置することから，人員配置は重要な看護職副院長の成果や行動であると位置づけられていた。人員を配置するためには，組織に必要な人材を採用することが不可欠である。看護職副院長の権限を労務・配置において確立していくためには，看護職副院長が採用，昇格，給与等の面において経営に対する実績を可視化していく必要がある。

11.　設備・機能の改善について

　筆者の研究において病院の設備や機能の改善と権限が相関していることは，兼平の結果（兼平 2018）と類似している。「設備・機能の改善」のカテゴリー内では，「職員が利用する福利厚生施設・制度を充実する」「研修施設の整備を行う」ことについて，看護職院長は看護部長等より経営との関連を意識していた。2014 年地域における医療及び介護の総合的な確保を推進するための関係法律の整備等に関する法律（平成 26 年法律第 83 号）に伴う医療法改正により医療従事者の勤務環境改善に努めなければならないこと，次いで 2018 年働き方改革を推進するための関係法律の整備に関する法律（平成 30 年法律第 71 号）が交付されたことはいずれの病院にとって大きな転機となっている。院内託児所設置を例にとると，24 時間切れ目のない医療を実現するために，看護職副院長が登用されている病院では 2009 年本藤の報告において解決済みも含め 60.0%（本藤 2009）が，本研究の第 2 段階における同一グループ病院の比較でも 73.7% が付帯施設として整備されている。しかしながら看護職副院長登用のない病院では，第 2 段階のグループ病院において 46.4% の設置にとどまり，交代制勤務や当直が必要な職員に対する福利厚生として課題が残る。

　設備・機能の改善を従属変数とした重回帰分析では，看護部長等は設備・機能の改善の権限に対し高い意識を寄せており，現状の改善にあたり看護部長という職位の権限では改善に困難を感じていることが推測される。病院の設備や機能を改善するには，部門の長では限界であることをふまえ，組織内の意思決定における権限について見直す必要がある。

12.　経営の実践について

　医業収益に関わる財務や患者動向への効果に関連して，看護職副院長と看護部長の職位による経営の実践のカテゴリーについて双方差はなかった。現状では入院基本料維持は看護職副院長登用にかかわらずいずれの病院にも該当している（髙田 2021）ことから，看護職配置が関連する診療報酬の加算取得や高

い病床利用率は，看護部門が重点課題として継続して実践しているといえる。「経営の実践」カテゴリー内の項目における比較では，「平均在院日数改善の対策を実施する」「病床編成の改革を行う」ことにおいて，看護職副院長のほうが経営との関連についてより高い意識を寄せていた。平均在院日数は医療収益に直結し，病床の再編は地域医療構想をふまえ，病院の医療の方向性を直接表すことになる。病院が目指す医療の方向性が定まらなければ，治療を行う医師の採用だけでなく関連する多職種職員の配置，必要な医療資機材の購入や調整が困難になることで病院の経営そのものが揺らぐこととなる。また万一合併症により在院日数が延長すれば，患者の健康被害のほか経済的負担となり，医療の利用者を守る病院の使命は果たせない。そして合併症を予防することは，DPCによる支払い制度において在院日数を左右する重大な課題である。Goetzらは，看護のエグゼクティブと財務管理者が協働しかつ戦略的な経営を担うことで，病院内で最大人数を占める看護職のケアの質改善をもたらし，褥瘡発生や人工呼吸器関連肺炎の抑制等によって財務的アウトカムを左右することを報告している（Goetz, Janney & Ramesy 2011）。

　臨床指標として各医療施設は様々な合併症の予防状況を公開しているが，あくまで病院の指標としての公開データである。病院の経営に対して看護職副院長は意義ある職位であるといった登用の効果を明らかにするためには，看護職副院長の実践と経営指標とを関連付けた成果を証明していく必要がある。Lulatらは，常勤看護師と財務結果に対する有効性を明らかにすることも試みている（Lulat, Blain-Mcleod, Doris Grinspun et al. 2018）。筆者の研究では経営の意識についての調査であり，経営の効果を明らかにすることはできないため，先行研究を参考に看護職副院長と財務結果について明らかにしていくことが今後の検討課題となる。

13.　説明責任について

　「経営の実践」同様，看護職副院長と看護部長の職位による説明責任のカテゴリーについて双方に有意な差はなかった。両群ともに，説明責任を従属変数とした重回帰分析では，他のカテゴリーと経営スキルとの関係よりも，より高

く経営スキルが影響していた。説明責任では，全職員に対して病院の財務状況だけでなく患者動向や医療の質，医療安全，残業や勤務状況に関するデータの可視化をすること，病院の経営責任者に対して看護に関連するデータを可視化して提示することが含まれる。全職員に対する病院のデータについては，院内報といった紙媒体やホームページ等各施設は工夫を凝らして，職員がデータにアクセスしやすいよう検討がされている。経営者は組織を代表する発信者としての重要な役割がある（山嵜他 2007；溝口 2015；ANOE 2015）。つまり説明責任について，看護職副院長や看護部長等の看護管理者は，経営に関与する重要な成果や行動であると捉えているといえる。看護職副院長が看護部長との差別化を図るには，経営の実践同様，説明責任を果たすことによる経営への効果を財務結果と関連付けて可視化していく必要がある。

14.　看護職副院長登用への期待

14.1　看護職副院長のビジネススキルとしての人的資源管理

　AONE が示す看護職副院長のビジネススキル（AONE 2015）の視点からみると，本研究の結果は多職種の人事や採用への決定権限，ならびに従業員の能力開発と評価・改善について検討の余地がある。また，最大労働人数である看護職も含め，労務や配置への看護職副院長の権限は限定的であることが課題である。

　看護職副院長登用病院は，診療単価が高く平均在院日数が短いといった高度急性期病院の特徴があり，侵襲の高い治療や合併症予防に関連したチーム医療のほか，三次救急医療や地域医療支援といった多様な機能をもつ病院であることが特徴であった（髙田 2021）。また看護職副院長登用病院は高度で多機能な治療に対応できる手厚い多職種の人員配置に加え，一般的な組織規模と集団のパワーの特徴に類似している点があった。　病院における安定した職員の採用や配置は，医療の質を担保し，水準の高い医療を継続していくために病院経営幹部が取り組むべき喫緊の課題である。本研究の調査対象である看護職副院長登用のある病院と類似した病院機能の場合，統括して病院経営を担う人材として看護職副院長登用の検討の余地がある。

　わが国だけでなく看護職は病院の最大労働割合を占め，看護職の人員配置
やパフォーマンスは病院経営に影響する。Sredl は，人件費について病院で最
も多くを占めるのが看護部門であること，病院労働力の 75％が Chief nurse
executive の管理下であるものの，看護は伝統的にコストセンターと考えられ
てきたため看護部門による経済的なパフォーマンスを実証することが困難な点
を指摘した（Sredl 2010）。組織が大きくなるほど看護部門だけでなく他の職
種も相対的に必要な医療に対する職種人数は増えるため，看護部門と同様の課
題が将来的に生じる可能性がある。このため病院長とともに経営責任をもつ病
院幹部による職員の配置は，重要な病院経営の課題である。

　人的資源管理は常勤の確保や離職率の低下といった人件費や，診療報酬上の
人員配置加算を維持することでの医業収益を中心とした財務への効果に影響す
る。また診療密度に見合った人員や職種の配置によって，合併症を予防し患者
安全への対策といった病院機能維持による質改善効果が期待できる。筆者の研
究では，労務や配置といった人的資源管理に直結する看護職副院長の成果や行
動は見いだせなかったが，先行研究をふまえると看護職副院長は労務や人事と
いった人的資源管理の面において成果や行動を発揮することが，看護職副院長
職位の課題であると考える。

　近年看護職が専門分野において高度な実践を担うことで医療の質向上を図る
ことを目的に，専門看護師や認定看護師等が医療施設に積極的に配置されるよ
うになった。取得している専門分野で高度な実践を発揮している人材が，病院
の経営を担う期待を得て看護師長等に位置づけられる場合もある。専門看護師
は修士課程を修了していることが要件でもあり，リーダーシップや経営につい
ても学修していることから，病院が優秀な人材として期待しているものの，経
営が専門ではないことから管理者と分けて考える必要がある。専門看護師等
は，資格を取得した専門分野において十分力を発揮できるよう，病院の管理者
は適切に人材配置を行う責任があると考える。

　これまで，個人の労働能率を促進する機能，ならびに優れた労働者を組織に
定着させる組織統合機能について，労務管理と人事管理は同義に捉えられてい
た（奥村 2018）。近年の労働に対する考え方は，コストではなく組織の重要な
資産と捉えるように変化してきている（鈴木・大島 2016）。また職員の能力開

発や教育，採用計画，雇用，ハラスメントなどの職場環境改善など幅広いマネジメント（AONE 2015）を包括する人的資源管理が注目され，病院においても課題となっている。第2段階と第3段階で調査対象としたグループ病院では，看護職副院長の退職や異動に伴い，組織によっては病院規模や機能の変更がなくとも看護職副院長の職位は人員の交代によって看護部長となることもあった。桃田が指摘するように職位が個人につくことによって，経営を担う看護職副院長のほか看護部長等ミドルの権限や責任範囲が病院組織の中で揺れ動くことになる（桃田 2013）。このことは，職位の持つ権限や担う責任，役割が発揮されることで経営への成果がもたらされるのではなく，職位を担う人材によって経営への成果は左右されることが予測される。米国におけるジョブ型採用の病院の例では，看護のエグゼクティブが不在になったことによってコストと時間のロスが生じるだけでなく，病院の空床率改善の効果が減少した報告（Sredl 2010）もある。近年の様々な病院を取り巻く課題に対し，解決の責任を持つ職位による経営への効果を期待するのであれば，看護部長と兼務が妥当であるのかを含め職責の明確化や配置について議論する必要があると考える。

　本研究では，学位が看護職副院長の登用条件ではないものの，看護職副院長の修士以上の学位は「教育」の面から見た経営に対する意識に影響していた。看護職副院長は高度な知識やスキルを背景に，経営や病院の設備・機能の改善，労務・配置に対し，権限や経営のスキルを発揮していることが示唆された。看護職副院長登用病院の特徴をふまえると病院の規模や機能が大きく多様である場合，看護職副院長の登用は，教育の質を高め人的資源管理の側面から病院経営に貢献できる可能性がある。

14.2　エグゼクティブ役割を担う看護職副院長の職位と権限のありかた

　Collinsによるとリーダーシップは5つのレベルで説明され，最上のレベルに相当するエグゼクティブとは，永続的で偉大な組織の構築を担うものと位置づけられている（Collins 2001）。RousselはCollinsの説明をふまえて，病院における看護のエグゼクティブについて説明している。つまり看護のエグゼクティブとは，組織の最上位レベルで病院の主導権を握り，よりすぐれた改善をもたらす触媒として機能する能力をもつレベルである（Roussel 2016）と説明

されている。エグゼクティブの職位にある看護職と看護部長等の看護管理者について，Hughes らは双方に様々な立ち位置があること，運用や専門性のラインがぼやけていること，特に看護部長の経済的な責任と説明責任があいまいであることを指摘している（Hughes, Carryer & White 2015）。

　筆者の研究では看護職副院長に備わる「権限」と「経営スキル」は，成果と行動である「説明責任」と「経営の実践」に影響していることが確認されたが，看護部長等看護管理者も同様の結果を得た。看護職副院長のほとんどは看護部長と兼務であり，副院長の権限・役割・責任の境界が不明瞭である現状を表しているといえる。病院の経営を担うエグゼクティブとしての看護職のポジションを置くというより，看護管理者の役割を拡大することによって次第に副院長と同等の成果や行動を発揮していることが推測される。

　現在のところわが国において，看護職副院長の登用効果について経営指標と関連付けた調査は行われていない。本研究における横断的な調査研究をもとに，看護管理者の役割拡大で病院経営への効果が得られるのか，看護職副院長登用病院の特徴に類似した病院において部門の長が経営に責任を持つ現状で経営への効果が得られるのか，様々な職種で役割拡大が試みられている背景をふまえ慎重に検討する必要がある。

　看護職副院長は看護だけでなく組織のトップマネジメントの階層に相当するともいえる。トップマネジメントの階層については，部門業務に責任をもつ部門管理者も含まれる場合がある。また組織の規模が大きくなるほど人材マネジメントは公式化するといわれており，看護職副院長が公式な制度として組織に定着していない理由の１つには，非公式な制度が公式化していく（Fisher 1994；首藤 2019）変化の途中である可能性がある。またマネジメントの特性として，一定程度以上に組織管理を向上させても財務パフォーマンスに結び付くわけではないこと，ミドル等の行動変容は直接的な効果ではなく間接的な効果によって経営に影響を与えていることが指摘されている（西村 2015）。看護職副院長の職位は未だ変化の途中であり，成果や行動の１つである「教育」は組織の底上げといった経営に対する間接的な影響であることから考えると，看護職副院長登用の効果は可視化しにくい特徴があるといえる。

　病院管理者等に求められる技量として，組織理念や方針を貫く意思を表明す

るには，時代や国・地域・医療の利用者の価値に合わせて進化させることが求められる（有賀 2019）。各病院が担う医療の役割や密度が高度かつ多機能であればあるほど，病院における医業について絵空事ではなく確実に実践していく組織の整備，職位と権限の明確化が急務である。看護職副院長登用の効果は可視化しにくい特徴を踏まえた検証をする必要がある。

15.　看護トップマネージャーの成果の「可視化」を探求する

　筆者の研究の概念枠組みは，看護職副院長の成果や行動が病院経営指標で表現される組織のアウトカムと関連付けた文脈から構成された。文献レビューから導き出した枠組みをもとに調査項目を構成した横断的調査研究であり，ある一時点からみて看護職副院長の経営に対する意識について対象者の職位の立場から調査したものである。このため，看護職副院長登用と病院経営の関係についての因果関係として明らかにすることはできないことが本研究の限界である。つまり，看護職副院長を登用したことによって病院の経営への効果があったのか，病院経営への効果が認められたことをふまえて看護職副院長が登用されたかどうかといった前後関係は証明できない。これらを証明するためには，看護部長等から看護職副院長の登用に組織が変化したケースを追跡するといった縦断研究による検証の必要があると考える。筆者の研究では，看護職を対象として調査項目を構成しているため，用いた調査項目についてすべての職種における副院長登用の要件を測定する尺度として広く一般に用いることには限界がある。病院においてエグゼクティブの職位登用に関連した調査に用いるためには，あらゆる医療職について詳細な調査に対応できる尺度開発の検討が必要である。

16.　おわりに

　本執筆にあたり直近の看護職副院長の成果に関する研究を検索したが，わが国では著者の発表以降報告は見当たらない。その代わりに，フロントラインマネジャーである看護師長と経営に関する報告や主任看護師等のミドルマネー

ジャーに関する報告が散見されるようになった。災害が持続し非常事態ともいえる現在の医療状況では，即時の結果を求める，目に見える効果を期待するといった，現場のニーズに沿った研究が注目されると推察される。しかしながら，長期的に見ればプロジェクトを立ち上げ，責務を自らに引き寄せるといった（Mintzberg 1973）トップマネジャーの仕事は，病院経営を継続していくためには無視することができない。病院において経営を担う立場にある看護トップマネジャーの効果を明らかにしていく，つまり可視化していくためには，基礎的研究に位置づけた本研究をもとにデータを積み重ねる研究を続けたいと考えている。

　昨今医療現場において，病院の医業継続が困難になるほど看護職の退職が問題になっている。あらためて，同じ看護職が職を離れることに悲しさやくやしさを覚えるとともに，なぜ筆者は看護職として働き続けているだろうと考えさせられた。先日出会った『死ぬまで，働く。』（すばる舎）という書籍に1つの答えがある。著者である池田きぬ氏は97歳を超えた現在もケアの担い手として看護職に従事し，高齢者施設での利用者によりそった質の高い看護を実践している。池田氏の看護歴80余年という深い知識や経験に裏付けられた信頼と洗練された看護技術に加え，自分の能力を如何なく発揮できる組織があること，そして多様性を受け入れ常に改善をつづけるマネジメントを実現している経営者と協働する専門職のすがたに，ぜひとも多くの方に触れていただきたい。

（髙田　由紀子）

【注】
1　筆者の研究において「看護職副院長」とは，医療施設において副院長という職位にある看護職者であり，院長と共に病院組織を経営するエグゼクティブ役割を担うものを指す。なお日本看護協会出版会による『看護管理学習テキスト看護管理基本資料集』では，わが国の看護職副院長はNurse executive（上級看護管理者）に相当し，副院長クラスの役割と権限を持つ看護職を指すと説明されている。
2　清拭（せいしき）とは，皮膚を清潔にして感染を予防し，不感蒸泄・体温調節機能を正常に保つ，血液の循環を促し，新陳代謝を増進させることを目的とした，看護職が日常生活援助として実施する基本的な技術を指す。主に，疾病や手術などによって入浴やシャワーを使用できないケアの対象者に，温かいタオル等を用いて体を拭く技術である（エルゼビアジャパン，ナーシングスキル（R）を筆者要約）。

3 直近の看護師国家試験の出題傾向では，専門的な疾病の病態検査治療の知識に加え，CT画像や検査データを読み取り，正常異常を判断できることが求められている。

4 日本看護協会では，「労働と看護の質向上のためのデータベース（DiNQL）事業」として2012年より労働と看護の質評価指標の検討がなされ，2020年には400余りの病院が登録したデータの分析と臨床への還元，政策提言に活用されている（https://www.nurse.or.jp/nursing/practice/database/dinql/index.html）。

[参考文献]

秋葉沙織・石津みゑ子（2014）「中堅看護師の職業的アイデンティティと「療養上の世話」への認識との関連」『北日本看護学会誌』第16巻第2号，北日本看護学会，11-21頁。

有賀徹（2019）「病院管理者等に求められる技量」『病院経営MASTER』第7巻第1号，41-46頁。

奥村康司／吉田和夫・大橋昭一編集（2018）『最新・基本経営学用語辞典改訂版』同文館出版。

鎌倉やよい（2014）「看護ケアプログラムの開発—行動分析学の視点から—」『看護研究』第47巻第6号，医学書院，496-505頁。

兼平佳恵（2018）「病院経営における看護管理職の役割」『北海学園大学大学院経営学研究科研究論集』第16巻，北海学園大学，19-42頁。

葛田一雄（2006）『院長の仕事—実践・医療マネジメント—』ぱる出版，24-37頁。

厚生労働省（2020）『医師臨床研修指導ガイドライン—2020年度版—』（https://www.mhlw.go.jp/content/10800000/ishirinsyokensyu_guideline）。

小原恭子（1995）「全職員のリーダーとして行動」『看護』第47巻第13号，日本看護協会出版会，36-41頁。

首藤昇一（2019）「DPC制度導入に伴う人材マネジメントの変化」『日本経営倫理学会誌』第26巻，日本経営倫理学会，175-190頁。

鈴木君江・大島敏子／日本看護管理学会学術活動推進委員会編集（2016）『人的資源管理—看護管理用語集—』一般社団法人日本看護管理学会，156-157頁。

髙田由紀子（2021）「看護職副院長登用病院の特徴—赤十字グループ病院を対象とした検証—」『国際医療福祉大学学会誌』第26巻第2号，国際医療福祉大学学会，37-49頁。

武弘道（2008）『目指せ！看護師副院長　看護師が病院を変える』日総研出版，36-40頁。

塚崎朝子（2009）「得意を生かして看護の役割拡大」『Nursing BUSINESS』第3巻第6号，メディカ出版，8-13頁。

巴山玉蓮・山澄直美・鶴田早苗（2009）「組織における看護職者の意思決定に必要な要素の検討：病院の政策形成過程における看護職副院長の活動内容を通して」『日本看護管理学会誌』第13巻第2号，日本看護管理学会，5-12頁。doi: 10.19012/janap.13.2_5

西村孝史・西岡由美（2015）「ミドルマネージャーの役割が組織パフォーマンスに与える影響—戦略的人的資源管理の視点から—」『Works Discussion Paper』第2巻，1-14頁（https://www.worksi.com/research/paper/discussionpaper/item/DP_0002.pdf）。

新田真弓・安部陽子・佐々木美喜・千葉邦子・髙田由紀子・辻田幸子・古谷麻実子・鶴田惠子（2022）「病院に勤務する女性看護職が妊娠継続を困難に感じた体験」『日本看護研究学会雑誌』第44巻第5号，日本看護研究学会，763-776頁。doi: org/10.15065/jjsnr.20210421133.

日本看護協会（2022）「2021年　看護職員実態調査報告書」『日本看護協会調査研究報告』No.98（https://www.nurse.or.jp/home/publication/pdf/research/98.pdf）。

橋本英樹／黒川清・尾形裕也監修／KPMGヘルスケアジャパン編集（2006）『医療経営の基本と実務上巻—戦略編—』日経メディカル開発。

溝口幸枝・青山ヒフミ（2015）「財務知識を習得した看護管理者の経営参画の実際」『大阪府立大学看護学部紀要』第21巻第1号，大阪府立大学看護学部，41-48頁。

本藤みさき・佐藤美雅子・永池京子（2009）「病院における看護管理やの活動に関する実態調査」『看護』第61巻第5号，日本看護協会，66-73頁。

桃田寿津代（2013）「すべての職種，病院全体のこと，地域のことが分かる副院長に」『師長主任業務実践』第18巻第380号，産労総合研究所，12-17頁。

山嵜絆・守山伸子・大谷美和子他（2007）「看護職副院長の活動の現状―看護職副院長の実態調査を通して―」『看護』第59巻第6号，日本看護協会出版会，98-102頁。

American Organization of Nurse Executives (2015), AONE Nurse Executive Competencies, Chicago, IL, Accessed at: www.aone.org Accessible at: http://www.aone.org/resources/nurse-leader-competencies.shtml

Collins J. (2001), "Level 5 Leadership: The Triumph of Humility and Fierce Resolve," *Harvard Business Review*, pp. 136-46.

DeVellis, R. F. (2017), *Scale Development: Theory and Applications*, 4th Edition, California: SAGE.

Fisher, C. M. (1994), "The Differences between Appraisal Schemes: Variation and Acceptability – Part I," *Personnel Review*, 23 (8), pp. 33-48.

Goetz, K., Janney, M. and K. Ramesy (2011), "When Nursing Takes Ownership of Financial Outcomes: Achieving Exceptional Financial Performance Through Leadership, Strategy, and Execution," *Nursing Economics*, 29 (4), pp. 173-183.

Hughes, K. A., Carryer, J. B. and White, J. (2015), "Structural Positioning of Nurse Leaders and Empowerment," *Journal of Clinical Nursing*, 24 (15-16), pp. 2125-2132.

Lulat, Z., Blain-Mcleod, J. and Grinspun M. Doris et al. (2018), "Seventy Years of RN Effectiveness: A Database Development Project to Inform Best Practice," *Worldviews Evidence-Based Nursing*, 15 (4), pp. 281-289.

Mintzberg, H. (1973), *The Nature of Managerial Work*. (奥村哲史・須貝栄訳『マネージャーの仕事』白桃書房，1993年。)

Moher, D., Liberati, A. and J. Tetzlaff et al. (2009), Preferred Reporting Items for Systematic Reviews and Meta-analyses: the PRISMA Statement. *PLoS Med* 2009; 6 (7): 1-6 (https://journals.plos.org/plosmedicine/article?id=10.1371/journal.pmed.1000097, 2020.11.24).

Roussel, L. (2016), *Management and leadership for Nurse Administrators*, 7th ed., Roussel, L., Thomas, P. L., Harris, J. L. (eds.), Burlington: Jones & Bartlett Learning, pp. 4-6.

Sredl, D. and N. H. Peng (2010), "CEO-CNE Relationships: Building an Evidence-base of Chief Nursing Executive Replacement Costs," *International Journal of Medical Sciences*, 7 (3), pp. 160-168. doi: 10.7150/ijms.7.160 (https://www.medsci.org/v07p0160.pdf, 2019.5.18).

索　引

執筆者紹介

羽田 明浩 (はねだ・あきひろ)   編著者，序章

秋山 陽子 (あきやま・ようこ)   第1章
佼成病院看護部長，看護師，認定看護管理者
国際医療福祉大学大学院医療福祉学研究科修士課程修了
医療ビジネス経営学修士（ヘルスケアMBA）

松浦 典子 (まつうら・のりこ)   第2章
公立福生病院看護部長，看護師，認定看護管理者
国際医療福祉大学大学院医療福祉学研究科修士課程修了
医療ビジネス経営学修士（ヘルスケアMBA）

平根 ひとみ (ひらね・ひとみ)   第3章
筑波メディカルセンター病院副看護部長，看護師，認定看護管理者
国際医療福祉大学大学院医療福祉学研究科修士課程修了
医療ビジネス経営学修士（ヘルスケアMBA）

白川 忍 (しらかわ・しのぶ)   第4章
マイケアライト株式会社代表取締役社長，看護師，国際医療福祉大学大学院非常勤講師
国際医療福祉大学大学院医療福祉学研究科修士課程修了
医療ビジネス経営学修士（ヘルスケアMBA）

嵩下 喜久乃 (だけした・きくの)   第5章
クロスメッド株式会社取締役，看護師
国際医療福祉大学大学院医療福祉学研究科修士課程修了
医療ビジネス経営学修士（ヘルスケアMBA）

三橋 馨 (みつはし・かおる)   第6章
株式会社ステラ代表取締役社長，看護師
国際医療福祉大学大学院医療福祉学研究科修士課程修了
医療ビジネス経営学修士（ヘルスケアMBA）

三好 礼子 (みよし・れいこ)   第7章
横浜市立みなと赤十字病院副看護部長，看護師，認定看護管理者
国際医療福祉大学大学院医療福祉学研究科修士課程修了
医療ビジネス経営学修士（ヘルスケアMBA）

石田　　円（いしだ・まどか）　　　　　　　　　　　　　　　第 8 章

国際医療福祉大学医療マネジメント学科講師，看護師
一橋大学経営管理研究科博士課程修了
博士（商学），MBA（一橋大学）

髙田 由紀子（たかだ・ゆきこ）　　　　　　　　　　　　　　第 9 章

東京医療保健大学看護学部講師，看護師，認定看護管理者
国際医療福祉大学大学院医療福祉学研究科博士課程修了
博士（医療福祉経営学）

編著者紹介

羽田 明浩 (はねだ・あきひろ)

国際医療福祉大学医療マネジメント学科／大学院医療福祉学研究科教授
立教大学大学院経営学研究科博士課程修了
博士（経営学），MBA（立教大学）

MBA のナースたち

—9 つの事例にみる MBA 取得者のその後—

2023 年 9 月 30 日　第 1 版第 1 刷発行	検印省略

編著者　　羽　田　明　浩

発行者　　前　野　　　隆

発行所　株式会社　文　眞　堂
東京都新宿区早稲田鶴巻町 533
電　話 03（3202）8480
Ｆ Ａ Ｘ 03（3203）2638
http://www.bunshin-do.co.jp/
〒162-0041 振替00120-2-96437

製作・モリモト印刷
©2023
定価はカバー裏に表示してあります
ISBN978-4-8309-5237-1　C3034